CW01674930

LA FRANCE À LA CARTE

LES MEILLEURS PRODUITS DU TERROIR PAR LES PLUS GRANDS CHEFS

W. BOOKS
WITH PASSION

LE FIGARO

SOMMAIRE

NORD ET CENTRE

EST

SUD-EST ET CORSE

SUD-OUEST

NORD-OUEST

NORD ET CENTRE

Didier Clément

LE CAVIAR

de Sologne

Depuis 2007, c'est le berceau français d'un des mets les plus fastueux et raffinés qui soient : le caviar. Cet or noir qui affole les compteurs autour du globe, engageant maisons historiques et enseignes de luxe dans une lutte concurrentielle sans merci. En Sologne, région aux 12 000 hectares d'étangs, l'esturgeon *baeri* nage désormais aux côtés des carpes, gardons, tanches et sandres. Et ce à l'initiative d'une famille, les Hennequart, pisciculteurs implantés localement depuis le début des années 1970. Au fil du ralentissement naturel de l'activité historique et d'opportunités conjoncturelles, les voici, au milieu des années 2000, embarqués dans une nouvelle aventure : faire naître et élever des esturgeons pour fabriquer du caviar. La première production représente 150 kg. Dix ans plus tard, c'est 2 500 kg par saison.

100 M³ POUR BARBOTER

Durant les sept à douze ans de leur existence, les poissons s'épanouissent dans des bassins en terre. En bon fouisseur, chacun a l'équivalent d'une piscine de 100 m³ pour barboter et farfouiller au fond de l'eau à la recherche de petites proies. La troisième année, les femelles sont séparées des mâles grâce à un échographe perfectionné. Elles poursuivent leur périple paisible, triées tous les ans par taille et génération, jusqu'à devenir matures. Débute alors un cycle d'affinage qui les voit passer par un circuit d'eau claire, permettant de purifier la chair et les œufs. La confection du caviar peut démarrer : les œufs sont égrenés au tamis, rincés plusieurs fois à l'eau, égouttés, salés, égouttés à nouveau et mis en boîte de maturation. D'une teinte à dominante brun noir, les œufs mesurent autour de 2,8 mm et donnent un caviar dont la renommée n'est plus à faire.

LE CHEF EN PARLE

Je suis installé depuis longtemps en Sologne, mais, avant, j'ai travaillé à Paris, dans un restaurant qui s'appelait La Boule d'Or, dans le 7ᵉ arrondissement. Il était situé juste en face de la maison Petrossian et sa magnifique devanture. Au moment des fêtes, on voyait une queue interminable sur le trottoir, quasiment jusqu'aux bords de Seine. Le personnel passait avec un samovar et servait des infusions aux clients qui attendaient dans le froid, c'était un vrai spectacle. Ce sont mes premiers souvenirs en matière de caviar. Du coup, quand je me suis installé ici, j'ai naturellement eu envie de travailler avec Petrossian. Et puis, bien des années après, j'ai eu connaissance de l'existence du caviar de Sologne. Depuis, je n'utilise plus que celui-là. Cela s'inscrit dans notre démarche de mettre à la carte des produits des environs, avec un respect des saisons. J'aime son côté très nature avec une longueur en bouche intéressante et une finale un peu grasse mais qui reste élégante. Il dégage un parfum un peu noisetté aux notes subtiles. Il n'a pas ce goût un peu terreux, vaseux, que l'on retrouve parfois sur certains caviars. Avec du beurre aux algues, c'est fabuleux aussi. Mais l'intérêt, c'est de lui trouver un accord harmonieux et d'en faire un véritable plat, comme dans la recette que je vous propose. C'est une assiette d'instinct, sur la fraîcheur, où la chair d'araignée amène l'iode, la pomme verte l'acidité et le caviar ce côté salin. Quant au wasabi, il donne, un peu comme un poivre, un peu d'élan et de puissance à l'ensemble. C'est devenu une des recettes signatures de ma carte.

Didier Clément

CAVIAR DE SOLOGNE

et araignée de mer, fine gelée

POUR 4 PERSONNES

PRÉPARATION : 60 MIN
CUISSON : 15 MIN

- 80 g de caviar de Sologne
- 1 araignée de mer d'environ 800 g
- ½ pomme Granny
- ½ concombre
- 15 cl de crème fouettée
- Wasabi

GELÉE

- 50 cl d'eau minérale ou court-bouillon d'araignée, repris de la cuisson du crustacé
- 1 carré d'algue kombu
- 1 noix de gingembre
- 5 g d'agar-agar
- 5 cl de sauce soja pas trop salée

BLINIS

- 300 g de pommes de terre
- 2 œufs
- 5 g de poudre levante
- Sel

Plongez l'araignée 15 min dans l'eau bouillante. Décortiquez et récupérez la chair. Réservez au frais. Préparez la gelée. Portez à petits frémissements l'eau minérale ou le court-bouillon d'araignée. Plongez-y l'algue kombu et le petit morceau de gingembre pelé pendant 15 min. Filtrez, ajoutez l'agar-agar dissous dans 10 cl d'eau froide, puis ajoutez la sauce soja. Laissez refroidir puis répartissez la gelée dans quatre assiettes creuses. Laissez figer au réfrigérateur. Taillez la pomme et le concombre en brunoise. Mélangez avec 150 g de chair d'araignée émiettée. Ajoutez la crème fouettée et un trait de wasabi. Tassez le mélange dans un cercle de 4 cm de diamètre de façon uniforme. Déposez dans la première assiette, sur la gelée prise, et répétez l'opération. Ajoutez délicatement une petite quenelle de 20 g de caviar sur chaque assiette. Servez accompagné de blinis.

BLINIS

Mettez à cuire les pommes de terre 20 min, puis pressez-les en purée. Ajoutez 2 jaunes d'œufs, la poudre levante et 2 blancs d'œufs montés en neige avec une pincée de sel. Faites cuire aussitôt dans de petites poêles antiadhésives pendant 5 min, en retournant à mi-cuisson.

Yannick Alléno

LE CHAMPIGNON

de Paris

Victime de sa basse extraction, le champignon de Paris doit se contenter de la petite porte, celle qui mène directement à la cuisine. Là, quelque marmiton le débitera en tranches ou le réduira en duxelles, afin qu'il finisse comme il a vécu, modestement, en figurant de meurette, en faire-valoir de blanquette, en comparse non crédité au générique d'une farce fine… « De Paris », d'ailleurs, c'est vite dit. S'il fut bien, à l'origine, cultivé dans les catacombes de la capitale, les travaux du métropolitain l'en ont chassé, si bien que notre champignon prospère de nos jours le plus souvent en province, colonisateur notamment du tuffeau du Val de Loire.

POTENTIEL GUSTATIF

Un chef de premier plan a découvert l'âme cachée de l'unijambiste au sombrero : Yannick Alleno, 9 étoiles à Paris et à Courchevel, chante les louanges d'un « produit de luxe qui ne coûte pas cher ». Comme ses petits camarades de l'école hôtelière, il a appris à les « tourner », autrement dit à les sculpter comme des mini-clochers à bulbes. Mais, surtout, il a réalisé le potentiel gustatif qu'il avait sous le couteau. « Il apporte une très belle minéralité aux sauces », bien sûr, mais pas seulement. À sa table triplement étoilée des Champs-Élysées, Alléno propose à des convives ébahis une « guimauve de gros Paris assaisonnée de chocolat et fleur de sel, touches abricotées, légère meringue à la noisette et glace à l'extraction de champignon ».

LE CHEF EN PARLE

Je suis parti à la découverte du « terroir parisien » en 2006, après la lecture d'un article de François Simon. Le critique éreintait, dans *Le Figaro*, les Jeunes-Turcs de l'époque qui, moi le premier, se croyaient très forts mais faisaient tous, peu ou prou, la même cuisine barbante. Piqué au vif, j'ai jeté le journal à la poubelle et je suis allé jouer au foot avec mes enfants. Au retour, j'ai repris mon *Figaro* tout froissé. Le chroniqueur sans visage disait vrai. J'ai décidé de revisiter de fond en comble ma manière de cuisiner. Constatant que Bocuse tenait Lyon et que Ducasse dirigeait son empire depuis Monaco, j'ai décidé, fier d'être natif de Puteaux, de planter mon étendard sur Paris et de remettre à l'honneur les richesses comestibles de la capitale. Les meilleurs producteurs utilisent du fumier de cheval pour favoriser la pousse, cela donne un résultat exceptionnel. Je trouve le paris rosé, qui est l'original (le blanc en est une déclinaison) plus fin, plus « serré », plus sec. Son goût se rapproche de celui du pleurote des prés. Dans mon restaurant gastronomique, je fais une sublime duxelles en écrasant les champignons sur un tamis pour obtenir une régularité parfaite dans la découpe. J'aime bien aussi, après avoir ôté le pied et les lamelles noires, garnir les têtes évidées d'une farce très goûteuse, à base de foie gras ou de poisson. J'en colle deux l'une contre l'autre de manière à obtenir une boule que j'enferme dans une pâte feuilletée. La recette à l'escargot que je vous propose aujourd'hui est dans cet esprit.

Yannick Alléno

CHAMPIGNONS

aux escargots

POUR 10 PERSONNES

DURÉE DE PRÉPARATION : 30 MIN
TEMPS DE CUISSON : 20 MIN

- 2,5 kg de champignons de Paris
- 400 g de beurre + une noix pour la cuisson
- 20 g d'ail
- 150 g d'échalotes
- 1 bouquet de persil plat
- 1 botte de cresson
- 70 escargots petits-gris 4/4
- 200 g de chapelure
- Sel
- Poivre du moulin

Lavez les champignons de Paris et coupez leur pied. Faites étuver les chapeaux dans une sauteuse à couvert avec la noix de beurre et 10 cl d'eau jusqu'à l'évaporation presque complète du liquide, puis égouttez-les et réservez-les au frais. Épluchez l'ail, retirez-en le germe et ciselez-le très finement. Faites de même avec les échalotes. Lavez le persil et le cresson, séchez-les et équeutez-les, puis hachez-les finement. Travaillez le beurre en pommade à l'aide d'une spatule jusqu'à l'obtention d'une consistance lisse et souple. Ajoutez l'ail, les échalotes, le persil et le cresson. Salez et poivrez, puis placez le beurre dans une poche à douille. Prélevez-en une noix pour faire revenir les escargots dans une sauteuse.

Finition et dressage

Préchauffez le four à 180 °C (th. 6). Évidez les chapeaux des champignons à l'aide d'une cuillère parisienne, déposez un escargot dans chaque champignon, puis nappez de beurre d'ail. Saupoudrez de chapelure. Faites gratiner au four pendant 5 min.

Manon Fleury

LE CHOU-RAVE

de Seine-et-Marne

Sans doute avez-vous déjà aperçu sur les étals de votre primeur, sans parvenir à l'identifier, sa silhouette dodue, blanche, vert pâle ou violacée, dont jaillissent de fines tiges surmontées de feuilles vert bleuté. C'est le bas de sa tige, en forme de pomme joufflue, qui se consomme, une fois épluché, cru (en fines lamelles ou râpé) ou cuit (à la vapeur, en gratin, en potage, en ragoût, sauté ou frit). Bien que relativement simple à cultiver – il demande une exposition ensoleillée, un sol frais et meuble et un bon arrosage – et à cuisiner, le chou-rave reste peu connu en France ; contrairement au Canada, à l'Allemagne ou à l'Europe de l'Est qui en sont friands. « Les fruits et légumes frais », le site Internet géré par l'interprofession de la filière, ne daigne même pas le référencer. Également désignée sous le nom de colrave, chou pomme, boule de Siam ou encore chou de Siam, cette plante bisannuelle herbacée, dont la chair croquante et délicate évoque, selon les préparations, la noisette, la châtaigne, le navet, le radis… ou le chou, est récoltée de mars à novembre. Elle est pauvre en calories et riche en fibres, vitamines (C et B9 notamment) et minéraux (calcium, magnésium).

« LÉGUME AUX MILLE VERTUS »

Comme le topinambour, le panais ou le rutabaga, le chou-rave fait partie de ces légumes que l'on dit oubliés. Sans doute parce qu'ils étaient associés aux affres de la Seconde Guerre mondiale, surconsommés pendant l'Occupation, faute de pommes de terre. Mais comme d'autres légumes anciens, le chou-rave a fait son grand retour en France ces dix dernières années, surtout à la faveur du travail de maraîchers bio, de toques étoilées adeptes de la cuisine végétale qui le cultivent dans leur propre potager, comme Alain Passard ou Laurent Petit. Preuve s'il en fallait que notre humble chou, « légume aux mille vertus » comme le nommait Hippocrate, a encore un futur devant lui.

LA CHEFFE EN PARLE

Le chou-rave est un légume assez méconnu du grand public. Avec sa forme un peu bizarre, il peut sembler d'un abord difficile. S'il se cuisine également cuit, c'est cru, coupé en fines lamelles, que je le préfère. D'aspect, il ressemble à un légume racine, mais il est en réalité très frais, croquant et sucré, comme un fruit. Lorsqu'on le déguste cru, à peine cueilli, on a l'impression de croquer dans une pomme ! Interdit cependant de le conserver trois semaines au frigo, sinon il retrouvera son goût de chou et perdra de sa délicatesse.
Il n'a qu'un seul défaut : il n'est pas toujours facile à éplucher. Je le prépare parfois cuit, escorté par exemple de petits pois et de fèves. Mais c'est un légume qui ne supporte pas de longues cuissons. Mettez-le dans une casserole avec un fond d'eau, du beurre, un peu de sel, couvrez, et laissez cuire à feu assez vif pendant cinq à dix minutes. Vous pouvez d'ailleurs utiliser cette même méthode pour cuire ses feuilles. Comme tous les choux, il se marie bien avec des ingrédients fumés, tels que les sardines, le hareng ou le saumon.
Cru, il a également un côté piquant, que j'aime associer à une sauce moutardée, comme pour le chou rouge. Dans le carpaccio que je vous propose, je l'accompagne d'une sauce à l'œuf et à la bonite. C'est elle, une fois découverte sous les légumes dressés en millefeuille, qui va donner du liant à la recette. J'utilise des fleurs, plutôt que des épices, pour condimenter le plat.

Manon Fleury

POUR 10 PERSONNES

PRÉPARATION : 20 MIN
CUISSON : 5 MIN 30

CARPACCIO DE CHOU-RAVE

- 6 pièces de petits choux-raves
- 3 c. à s. de jus de citron jaune
- 1 c. à s. d'huile d'olive
- Sel fin

SAUCE ŒUF MOLLET-BONITE CONFITE

- 1 œuf mollet
- 100 g de ventrèche de thon blanc à l'huile d'olive (vous pouvez demander à votre poissonnier un morceau de ventrèche à confire vous-même, sinon une conserve de bonne qualité fera très bien l'affaire)
- 1 c. à s. de moutarde
- 5 c. à s. d'huile de pépins de raisin
- 2 c. à s. de jus de citron jaune
- Sel fin

FINITION

- Fleurs de ciboulette
- Fleurs de calendula
- Fleurs de sauge

CARPACCIO

de chou-rave

Préparez la sauce à la bonite confite : faites cuire l'œuf mollet 5 min 30 dans de l'eau frémissante. Dans un blender, mixez la bonite confite à l'huile d'olive, l'œuf mollet et la moutarde. Commencez très doucement pour que l'émulsion se crée. Montez à l'huile de pépins de raisin, toujours en mixant et en ajoutant doucement l'huile en filets. Débarrassez la sauce dans un bol. Ajoutez le jus de citron pour assaisonner et le sel. Épluchez le chou-rave à l'aide d'un couteau d'office. Taillez de fines lamelles de chou-rave à la mandoline. Dans un bol, mélangez le jus de citron, l'huile d'olive et le sel. Badigeonnez les lamelles de chou-rave avec ce mélange à l'aide d'un pinceau. Il faut que les lamelles de chou conservent une bonne consistance et ne pas mettre trop de liquide.

Dressage

Dans le fond d'une assiette plate, disposez la sauce œuf mollet et bonite confite. Placez par-dessus les lamelles de chou-rave de manière à former une sorte de rosace. Ajoutez les fleurs pour terminer l'assaisonnement.

Anthony Denon

L'ENDIVE

de Picardie

Cette Dame du Nord n'a jamais été une star. Elle s'est souvent cantonnée aux seconds rôles, aux côtés de monstres de la gastronomie comme le turbot, le bar, le ris de veau ou les fromages tels le roquefort et la fourme d'Ambert. C'est tapie dans l'ombre qu'elle s'épanouit le mieux, les pieds enfouis dans la terre, au fond des caves, dans l'obscurité totale. Pourtant, elle présente de nombreux avantages, dont celui d'être riche en fibres, en potassium et en vitamine C pour un faible apport calorique (20 kcal pour 100 g).

Traditionnellement, on la sème d'abord en pleine terre et à l'extérieur, entre mai et juin. Quatre mois plus tard, les premières racines accompagnées de quelques feuilles très vertes apparaissent. Il est alors temps de la replanter à l'abri de la lumière, en maintenant une température de 10 °C en moyenne.

PETITES ET CHARNUES

Anthony Denon fait partie des chefs qui ont succombé aux charmes de l'endive. « Avec sa forme bien dessinée, elle peut être travaillée de multiples manières. En julienne, en tagliatelles, en forme de fleur, avec ses pointes…» À quoi reconnaît-on une belle endive ? « À ses feuilles, bien refermées sur elles-mêmes, qui ne doivent pas être trop vertes mais jaune pâle. En revanche, peu importe sa taille », explique le chef étoilé de l'Oise, même s'il la préfère petite et charnue, avec des racines non coupées pour les utiliser en cuisson. Les endives qui composent ses plats poussent à l'ombre de carrières de pierre, dans une terre végétale et un compost de champignons qui a l'avantage de réduire leur amertume. « Cela leur donne aussi un petit goût boisé exceptionnel », ajoute le chef, qui les conserve en chambre froide et les couvre d'un torchon pour éviter qu'elles ne soient éblouies par la lumière. Son conseil : évitez qu'elles ne prennent un coup de froid ou les feuilles deviendraient translucides.

LE CHEF EN PARLE

L'endive me fascine car elle est compliquée à travailler. Je l'ai découverte au côté de Jean-François Piège. À l'époque, le chef faisait une endive au jambon et au comté qui m'a immédiatement interpellé. En arrivant chez Alain Ducasse, j'ai appris à la connaître un peu mieux, et en particulier à la cuire avec ses racines, ce qui apporte un parfum boisé. L'idéal pour contrebalancer son amertume, ce sont les agrumes, les corps gras comme le fromage, les noix ou encore les céréales. La meilleure façon de la préparer est de la couper en deux, de vider l'intérieur et de la faire juste suer à la poêle une dizaine de minutes. Elle doit rester croquante pour garder ses valeurs nutritives et ses vitamines. On peut aussi la mettre au four une quinzaine de minutes avec de l'huile d'olive et de l'ail. L'important est que sa pointe reste presque crue. La recette d'endive fumée, condiment citron, noix et compté que je vous propose est inédite.

Anthony Denon

ENDIVE FUMÉE

condiment citron, noix et comté

POUR 4 PERSONNES

PRÉPARATION : 50 MIN
CUISSON : 40 MIN

- 4 endives
- 4 citrons jaunes
- 420 g d'eau
- 420 g de sucre semoule
- 2 gousses d'ail
- 4 fines tranches de lard paysan
- 4 œufs
- 100 g de noix
- 100 g de comté
- 15 cl d'huile de noix
- ¼ de bâton de raifort

Préparez la pâte de citron avec 3 des 4 citrons : lavez-les, blanchissez-les cinq fois de suite puis mettez-les à confire à l'aide du sirop (eau et sucre) environ 25 min. Lavez et taillez en deux, dans la longueur, les endives et retirez-en le cœur, trop amer. Épluchez et taillez en deux les gousses d'ail, puis retirez-en le germe. Formez des papillotes pour chaque endive avec ¼ de gousse d'ail et une tranche de lard. Mettez-les à cuire sur le gril d'un barbecue ou sur une plaque en fonte, environ 15 à 20 min, puis réservez à température ambiante. Mettez à cuire à l'eau bouillante, 4 œufs mollets environ 6 min, puis laissez refroidir. Récupérez uniquement les jaunes et réservez-les au frais. Mettez à torréfier les noix au four environ 10 min à 175 °C (th. 6). Détaillez en cubes le comté, réservez. Pour la vinaigrette : récupérez l'intérieur des citrons confits et ½ gousse d'ail des papillotes, passez-les au tamis puis montez le tout avec l'huile de noix et le jus d'un citron. Réservez.

Dressage

Détaillez les feuilles d'endives grillées, ajoutez les noix, le comté et le lard rôti, assaisonnez avec la vinaigrette et quelques feuilles d'endives croquantes. Au dernier moment, ajoutez l'œuf mollet et le raifort râpé. Dégustez.

Isma'il Guerre-Genton

LA GRAINE DE LIN

du Nord

Comme autrefois les loups dans Paris, les graines sont entrées dans les restaurants. À l'origine cantonnées aux établissements macrobiotiques, objet de moqueries de la part des adorateurs des sauces au vin, des rillettes et de la pomme de terre triomphante, elles ont fait leur trou patiemment. Il est une graine discrète qui mérite de sortir de l'ombre : celle du lin. La culture du lin, dont on trouve des traces millénaires en Orient extrême, a progressé doucement mais sûrement vers l'ouest, *via* l'Égypte des pharaons. Nos ancêtres les Gaulois utilisaient la fibre pour y tailler leurs braies. L'huile, bien sûr, a été extraite depuis belle lurette, en dépit de sa fragilité qui la rend peu apte à la conservation et allergique à la chaleur.

« GRAINES DE SANTÉ »

Les graines de lin sont riches en protéines et usitées en qualité de « graines de santé ». Elles accumulent la chaleur et sont les bienvenues dans l'amélioration des douleurs. Moins prisées pour la consommation humaine, les graines de lin ont longtemps servi à enrichir les aliments pour animaux. De nos jours, de jeunes cuisiniers aiment jouer avec leur saveur délicate et leur texture particulière.

LE CHEF EN PARLE

La culture du lin a participé à la renommée de notre région, l'un des centres européens de l'industrie textile. Il n'est pas très courant de manger la graine de lin pour elle-même. On la trouve le plus souvent dans des mélanges, ou on en prend un peu pour saupoudrer une salade. Elle a pourtant un goût fin, avec des notes un peu grasses – on en tire aussi de l'huile – et un croquant intéressant. Une fois torréfiée, elle acquiert de légères touches fumées. Je cherche à mettre en vedette des produits qui n'ont pas forcément une connotation « noble » en les rendant alléchants. Le dessert dont je vous parle aujourd'hui s'articule entièrement autour du lin. Pour commencer, je confectionne une bavaroise, une sorte de blanc-manger pas du tout bourratif mais au contraire très léger, onctueux, fondant. J'utilise de l'huile de lin. Attention, c'est un produit très volatil qui perd vite sa saveur et tourne au rance une fois le flacon ouvert, si on n'y prend pas garde : il faut le garder au frais et l'utiliser sans trop tarder. Ensuite, je vais travailler des graines de lin brunes et blondes, car il en existe plusieurs variétés. La brune est torréfiée à la poêle, à sec, pour lui apporter un petit côté fumé. La blonde est mixée pour faire une farine à peine adoucie par une tombée de sucre glace. Vient un pralin de graines de lin. Une fois obtenu un bloc compact et caramélisé, on le mixe pour aller sur une texture de pâte à tartiner ou de confiture de lait. La glace est préparée sur une base de crème anglaise travaillée au Pacojet® (une sorbetière fait l'affaire). On a auparavant laissé infuser des graines torréfiées dans le lait. On termine par quelques gouttes d'huile de lin pour que le côté gras en bouche cède le pas à la fraîcheur de la glace. Dernier élément, pour le côté gourmand plus prononcé : une ganache élaborée avec un chocolat lacté et une infusion d'huile de lin. Une fois tous ces éléments assemblés, on obtient une thématique aromatique inattendue avec un produit banal de prime abord.

Isma'il Guerre-Genton

LIN

POUR 6 PERSONNES

PRÉPARATION : 45 MIN
CUISSON : 25 MIN

SABAYON LIN
- 125 g d'eau
- 125 g de sucre semoule
- 130 g de jaunes d'œufs
- 6 g de gélatine
- 500 g de crème
- 2 g d'huile de lin
- 20 g de lin blond

PRALIN LIN
- 50 g de sucre semoule
- 50 g de lin brun
- 8 g d'eau

CRÈME GLACÉE LIN
- 20 g de lin brun
- 125 g de crème
- 125 g de lait
- 40 g de sucre semoule
- 40 g de jaunes d'œufs
- 2 g d'huile de lin
- 30 g de glucose
- 1 g de stabilisateur 2000

POUDRE DE LIN
- 50 g de lin blond
- 5 g de sucre glace

GANACHE DULCEY LIN
- 20 g de lin brun
- 75 g de crème
- 50 g de chocolat Dulcey

DRESSAGE
- 4 g de fleur de sel
- 4 g de lin blond
- Pousses de lin

SABAYON LIN

Mettez l'eau et le sucre à cuire à 121 °C. Montez les jaunes d'œufs et versez le sirop dessus. Attendez le foisonnement puis incorporez la gélatine préalablement trempée. Ajoutez délicatement la crème, l'huile de lin et le lin blond. Réservez au frais.

PRALIN LIN

Faites caraméliser le sucre et le lin. Débarrassez et laissez refroidir, puis mixez le tout jusqu'à obtenir une consistance de pâte à tartiner. Réservez.

CRÈME GLACÉE LIN

Faites infuser le lin torréfié dans la crème et le lait. Filtrez la préparation, puis préparez une crème anglaise (avec le sucre et le jaune d'œuf préalablement blanchis). Ajoutez l'huile de lin, puis le glucose et le stabilisateur, et mettez au surgélateur. Passez au Pacojet® (ou sorbetière) une fois le mélange congelé.

POUDRE DE LIN

Mixez finement le lin et le sucre glace. Réservez.

GANACHE DULCEY LIN

Infusez le lin brun dans la crème chaude, ajoutez le dulcey progressivement et laissez reposer.

Dressage

Placez un trait de pralin dans l'assiette. Déposez le sabayon taillé à l'emporte-pièce. Saupoudrez de poudre de lin. À l'aide d'une poche à douille, posez trois points de ganache. Ajoutez une jolie quenelle de glace, la fleur de sel, le lin blond et les pousses de lin.

Christophe Hay

LE MULET

de Loire

De mémoire de pêcheur, on l'a toujours trouvé en Loire. Mais le mulet est un migrateur. Il remonte le fleuve depuis l'estuaire pour se nourrir, nageant à la recherche de compléments alimentaires qu'il ne trouve pas dans l'Océan. Pour cela, l'animal met du cœur à l'ouvrage et ne regarde pas à la distance, filant bon train sur plusieurs centaines de kilomètres à contre-courant. Durant son long périple, il accomplit une sorte de cure de thalassothérapie aux mille vertus, un véritable bain de Jouvence aquatique. « Ici, les mulets n'ont rien à voir avec ceux que l'on trouve dans les ports, qui ne mangent que des cochonneries, explique Christophe Hay. Leur chair se purifie naturellement dans l'eau du fleuve, tout en gardant ces petites notes iodées très intéressantes. » Si le mulet de Loire fait des émules, c'est en raison de cette nature hybride singulière : plus complètement marin, pas totalement d'eau douce. Pour l'attraper, Sylvain Arnoult, pêcheur professionnel installé dans le Loir-et-Cher, non loin du restaurant de Christophe Hay qu'il fournit exclusivement en poissons locaux, alterne les techniques selon les saisons : soit au filet fixe, soit en déroulant ce dernier et en laissant dériver son bateau. Une fois remontés, les poissons sont immédiatement saignés, afin d'obtenir une chair bien blanche, et placés dans la glace pendant un à deux jours, pour la laisser reposer. Les amateurs s'y essaient également, pêchant le mulet à la ligne depuis la rive. Pas farouche mais combatif, l'animal se laisse prendre avec un peu de technique et cuisiner de multiples façons, notamment cru, en carpaccio ou en tartare, mais aussi rôti ou grillé au barbecue, entier ou en grosses darnes.

LE CHEF EN PARLE

Je suis passionné de pêche et de nature depuis tout petit. Nous étions installés entre le Loir et la Loire, une rivière et un fleuve à la fois sauvages et paisibles. Les séances de pêche, c'est toute mon enfance. J'ai toujours gardé cette passion, d'une part pour le côté sportif et de l'autre pour s'aérer la tête, même si j'ai moins le temps de la pratiquer aujourd'hui. Je travaille exclusivement des poissons de Loire : sandre, brochet, carpe, barbeau, gardon, goujon, blette… Nous valorisons une vingtaine d'espèces. Le mulet, comme les autres, a un peu une mauvaise image et c'est pour ça qu'on aime le cuisiner. Les gens font souvent un amalgame entre les poissons de fleuve et d'étang et leur trouvent un goût de vase. Mais la Loire, classée au patrimoine mondial par l'Unesco en 2000, a retrouvé son état sauvage avec des eaux pures, du sable, des galets, une vraie biodiversité. Il se dit aussi que le mulet a beaucoup d'arêtes mais c'est faux, il en a moins qu'un bar, par exemple, alors que sa chair lui ressemble beaucoup. La recette que je vous livre est un plat que nous avons démarré cette année au restaurant. Nous associons le mulet au côté très frais et piquant du radis, c'est intéressant. On le fume très légèrement pour ne pas que son goût soit trop puissant. La salaison est importante aussi, car elle permet de resserrer les chairs et d'avoir de jolies lamelles à la découpe. Si l'on n'a pas de fumoir, on peut utiliser une couscoussière ou un panier vapeur. Dans le compartiment du dessous, on embrase du thym, du romarin, et on pose dessus le poisson dix minutes pour qu'il s'en imprègne.

Christophe Hay

MULET DE LOIRE

fumé au tilleul, radis, shiso

POUR 6 PERSONNES

PRÉPARATION : 50 MIN
CUISSON : 35 MIN
REPOS : 24 H + 3 H

- 1 pièce de mulet de Loire (ou bar)
- 1 botte de shiso vert et pourpre (ou basilic)
- 1 dl d'huile de pépins de raisin

AIGRE-DOUCE

- 30 g de sucre semoule
- 20 g de miel
- 1 cl d'eau
- 1 cl de vinaigre
- 10 g de sel
- 5 g de tilleul séché

CONSOMMÉ DE MULET

- 10 g de sucre semoule
- 15 g de sel
- 1 g de tilleul séché
- 1 blanc de poireau
- 10 g de champignons de Paris
- 1 échalote
- 2 cl de vin blanc
- Huile d'olive

DRESSAGE

- 1 botte de radis de différentes couleurs
- Pousses de shiso
- Fleurs de pensée

Mélangez environ la moitié des feuilles vertes de shiso et l'huile de pépins de raisin. Placez 24 h au congélateur. Le lendemain, mixez le mélange congelé. Laissez égoutter pour filtrer l'huile. Réservez.

AIGRE-DOUCE

Faites caraméliser le sucre et le miel à feu doux. Sur le côté, portez à ébullition les liquides avec le sel et le tilleul. Versez sur le caramel, réservez au frais. Levez les filets de mulet. Plongez 1 filet dans l'aigre-douce 20 min. Laissez sécher au frais. Quand il est sec, faites-le fumer au tilleul 30 min puis séchez à nouveau. Réservez pour le dressage

CONSOMMÉ DE MULET

Faites dégorger l'arête de mulet dans un grand volume d'eau. Égouttez. Ajoutez le filet de mulet restant, recouvrez du mélange sucre et sel. Laissez reposer 3 h, puis rincez. Prenez le filet à l'aide d'une ficelle et attendez qu'il soit totalement sec. Taillez les garnitures aromatiques finement et mettez à cuire à l'huile d'olive. En parallèle, faites cuire l'arête au four à 140 °C (th. 5) pour qu'elle colore. Ajoutez à la garniture, puis déglacez au vin blanc. Réduisez à sec puis mouillez à hauteur avec de l'eau froide et faites cuire 20 min à frémissement. Passez au linge sec. Faites infuser dans le consommé le tilleul et les morceaux de filet de mulet séché. Rectifiez l'assaisonnement et réservez.

Dressage

Taillez les radis en fine brunoise et blanchissez rapidement. Débarrassez dans l'aigre-douce froide. Tranchez quelques copeaux de radis à la mandoline. Réservez dans une eau glacée. Mettez à cuire rapidement le reste des feuilles de shiso à l'huile d'olive. Mélangez-les à la brunoise de radis et dressez dans une assiette creuse. Intercalez des copeaux de radis et de fines lamelles de mulet fumé. Décorez de pousses de shiso et pétales de fleurs. Versez autour le consommé de mulet séché et quelques traits d'huile de shiso.

Jean-François Piège

LE PETIT POIS

du Val de Loire

À son aise dans toutes les circonstances, le petit pois s'adapte facilement aux sols et climats de l'Hexagone car si le Sud méditerranéen reste sa première zone de production, le Nord le pratique tout à loisir. Même en conserve, même surgelé, il garde des qualités que vantent, sans baisser la toque, des cuisiniers parmi les plus célèbres. Place à un monstre de santé : énergétique (81 kcal/100 g), riche en vitamines B9 (propice au renouvellement cellulaire), B1 (soucieuse des systèmes cardiaques et nerveux) et C (si dégusté à cru), costaud enfin en sucre soluble, en lysine et en fibres.

À LA FRANÇAISE OU À L'ANGLAISE

Étonnant à déguster à la croque avec un peu d'huile et de sel, ou en salade, avec ses compagnons de saison, le radis comme le concombre ; le petit pois twiste dans sa dimension sucrée, que gomment les préparations salées auxquelles on se plaît à le réduire. Le voilà alors qui alimente, à l'insu de son plein gré, l'une des rares querelles qu'on lui connaisse. Petit différend de cuisson où, comme souvent dans ce genre d'affaires, France et Angleterre se disputent la manière. À l'anglaise, les petits pois sont cuits dans une eau salée portée à ébullition. Une fois égouttés, on y ajoute du beurre et parfois ces feuilles de menthe désormais passées à la postérité. À la française, la cuisson se fait à l'étuvée, au beurre, avec petits oignons nouveaux et laitue. À l'instant du service, les petits pois sont liés avec beurre ou crème. Par-delà ces façons, ils se glissent dans une foultitude de combinaisons : en velouté proposé chaud ou froid, en accompagnement de pâtes ou de risotto, en macédoine, en glace, en alliance avec la carotte ou l'asperge, en garniture « à la Clamart » pour escorter viande grillée, volaille ou pigeon, en purée « à la Saint-Germain », en potage travaillé en purée, éclairci en consommé ou encore associé à l'oseille et au cerfeuil.

LE CHEF EN PARLE

Le petit pois réveille l'enfance qui sommeille en nous. À bien tourner autour, on comprend vite pourquoi. Il y a cette manière ludique, cette taille ronde comme bille et puis cette couleur, ce vert pop, parfois quasi fluo. J'adore son côté éphémère. Quinze jours à trois semaines pour avoir un produit d'une qualité extraordinaire, cela fait de lui un des légumes les plus désirables de l'année. Je l'attends tous les ans avec la même impatience et je suis capable d'en cuisiner et d'en manger tous les jours quand vient la saison. Je le prépare de diverses façons parce qu'il en autorise vraiment beaucoup. À la maison, j'aime l'idée du petit pois à la française, simple, direct, dans la vérité domestique. Je rissole une ventrèche de cochon, j'ajoute quelques oignons nouveaux, les petits pois, un peu d'eau, une noix de beurre, environ trois, quatre minutes de cuisson et c'est parfait ! À ma table gastronomique, j'aime l'appréhender en variant les plaisirs et notamment sous cette forme de fin velouté servi avec une glace à l'oignon doux des Cévennes. Cette texture précise du velouté fait ressortir toute la suavité et la dimension sucrée de l'ingrédient. C'est un produit assez docile, plutôt souple à travailler mais qui reste délicat. Il ne supporte pas les assaisonnements trop chargés et les cuissons trop prononcées. La cuisson doit être à la minute pour préserver au mieux toutes les vertus de texture, de saveur et d'esthétique.

Jean-François Piège

BOUILLON DE PETITS POIS LINCOLN

oignons doux des Cévennes givrés, maquereau fumé

POUR 4 PERSONNES

PRÉPARATION : 20 MIN
CUISSON : 30 MIN

BOUILLON DE PETITS POIS LINCOLN

- 500 g de petits pois Lincoln écossés
- 2 oignons nouveaux
- Huile d'olive
- 1 l de bouillon de volaille (voir p. 276)
- 50 g de beurre
- Sel
- Poivre

GLACE AUX OIGNONS DOUX DES CÉVENNES

- 400 g d'oignons doux des Cévennes
- 100 g de fromage blanc lisse
- 100 g de crème liquide
- Sel
- Poivre

DRESSAGE

- 15 tranches fines de maquereau fumé
- 40 petits pois crus (petit calibre)
- 15 morceaux de croûtons de pain
- 15 amandes fraîches
- Herbes aromatiques
- Quelques copeaux de radis
- Huile d'olive
- Sel
- Poivre

BOUILLON DE PETITS POIS LINCOLN
Émincez les oignons, puis faites-les suer dans une cocotte avec un filet d'huile d'olive et de sel. Ajoutez les petits pois, puis mouillez-les à feu vif dans le bouillon de volaille. Faites-les cuire à couvert jusqu'à ce qu'ils soient fondants. Mixez les petits pois pour atteindre une texture lisse et onctueuse et ajoutez le beurre.

GLACE AUX OIGNONS DOUX DES CÉVENNES
Faites suer et légèrement caraméliser les oignons. Ajoutez les autres ingrédients et turbinez. Salez et poivrez. Incorporez le liquide dans une sorbetière et laissez prendre la glace.

Dressage

Dressez dans le fond d'une assiette creuse les tranches fines de maquereau fumé, les petits pois crus, les croûtons de pain, les amandes fraîches, quelques herbes aromatiques et des copeaux de radis. Faites une quenelle de glace et déposez-la sur la garniture. Assaisonnez légèrement la glace avec un filet d'huile d'olive. Versez, juste avant de servir, le bouillon dans l'assiette creuse.

EST

Olivier Nasti

L'ANGUILLE

du Rhin

Au XIXe siècle, Alexandre Dumas lui consacre un article de son *Grand dictionnaire de cuisine*, y recensant treize préparations : à la broche, à la poulette, à la tartare, en gelée, en matelote... Y figure aussi le fameux pâté d'anguille, si cher à La Fontaine, qui en fit une ode dessalée à l'infidélité.

OBJET DE MARCHÉ NOIR

Aujourd'hui, ce noble poisson du Rhin est en danger. Un temps classée nuisible - on l'accuse de causer la surmortalité des saumons -, l'anguille est déclarée *non grata* jusqu'en 1984. On finit par comprendre que, tout comme eux, elle est la victime expiatoire, hachée menu, de la multiplication des turbines des barrages hydrauliques. Et un autre drame la guette : la voracité de l'Asie. Au Japon, l'unagi est adulée. Les ressources locales n'y suffisant pas, l'anguille européenne y est l'objet d'un marché noir intensif et hautement lucratif. Autant de raisons qui font qu'elle a quasiment disparu des tables françaises. Aujourd'hui protégée, sa pêche étant soumise à des quotas, elle retrouve la piste aux étoiles.

LE CHEF EN PARLE

Je suis chasseur-pêcheur dans l'âme. Et l'anguille, j'y tiens tout particulièrement. Quand je suis arrivé en Alsace, je l'ai pêchée au lampadaire dans le Rhin des nuits entières. Et je l'ai travaillée à de nombreuses reprises, de bien des façons. En matelote, bien sûr, que l'Alsace s'est réappropriée au vin blanc, et où elle est reine. C'est un peu notre bouillabaisse à nous, mais composée de poissons d'eau douce de nos cours d'eau et où le riesling remplace le vin rouge. Mais un plat du Nord de la France, une spécialité flamande de l'Escaut en fait, m'a particulièrement interpellé lorsque je l'ai découvert : c'est l'anguille au vert. Classiquement, on fait mijoter le poisson dans une soupe d'herbes finement hachées, faite de vert de poireau, d'oseille, de persil, d'estragon, de sauge... qu'en fin de cuisson on épaissit pour obtenir une sauce. Ce plat bourgeois, tombé en désuétude, je l'ai fait mien, en le transformant au fil du temps. J'y ai introduit, en particulier, de l'anguille fumée. J'aime fumer légèrement ce poisson, à froid. Pas au bois mais au sel fumé. Cela va délicieusement bien à sa chair grasse. Et de la sauce, j'ai fait une purée très fine. C'est devenu l'un de mes grands plats signature. Certains peuvent venir au restaurant trente fois et me le réclamer trente fois de suite. Preuve que l'anguille a toujours un bel avenir gastronomique ! Après avoir été un peu boudée par les chefs, elle est même revenue à la mode avec l'engouement pour la cuisine japonaise et nordique. Et si aujourd'hui, et heureusement, sa pêche est très réglementée dans nos rivières, j'ai la chance que de petits pêcheurs du Rhin m'apportent régulièrement leurs belles prises.

Olivier Nasti

ANGUILLE FUMÉE

mini-poireaux et orange en gelée

POUR 10 PERSONNES

PRÉPARATION : 50 MIN
CUISSON : 30 MIN

- 300 g d'anguille fumée
- 25 g de sucre cassonade
- 10 cl de vinaigre alsacien Melfor (mélange de vinaigre, de miel et d'infusion de plantes)
- 60 cl de jus d'orange
- ½ carotte
- ½ oignon
- 10 cl de fond de volaille (voir p. 276)
- 100 g de chair de brochet
- 1 blanc d'œuf
- 50 g de crème
- ½ c. à s. de purée de persil
- 1 g de Kappa Texturas
- 3 poireaux + 1 botte de mini-poireaux
- Bicarbonate de sodium
- 50 g de beurre

Faites cuire la cassonade jusqu'au caramel, déglacez avec le vinaigre et 50 cl de jus d'orange. Faites suer et compoter la moitié de carotte et la moitié d'oignon coupés en petits dés. Ajoutez le caramel, réduisez le tout à consistance sirupeuse, ajoutez le fond. Passez et réservez ce laquage. Mixez la chair de brochet avec le blanc d'œuf, passez au tamis puis montez sur glace avec la crème. Incorporez la purée de persil, rectifiez l'assaisonnement. Mélangez 10 cl de jus d'orange et le Kappa, chauffez à feu doux jusqu'à ébullition, refroidissez, mixez à l'aide d'un mixeur plongeant. Réservez ce gel. Émincez très finement ½ blanc et le vert de 2,5 poireaux, cuisez-les à l'eau bouillante salée avec une pointe de bicarbonate de sodium. Égouttez, mettez dans un bol Pacojet® et pacossez trois fois (à défaut, plongez-les dans de l'eau glacée avant de les mixer pour obtenir une purée verte éclatante). Montez au beurre. Rectifiez l'assaisonnement. Sur un papier film, disposez un filet d'anguille fumée, dressez dessus la farce de brochet à l'aide d'une poche, recouvrez d'un autre filet. Refermez le papier film pour former un boudin. Cuisez à la vapeur à 85 °C pendant 6 min. Déballez, nappez avec le laquage.

Dressage

Dans une assiette, dressez un tronçon d'anguille laquée, ajoutez un trait de purée de poireaux. Avec le gel d'orange et le reste du laquage, faites des points. Disposez un mini-poireau étuvé.

Frédéric Doucet

LE BŒUF CHAROLAIS

L'adage populaire se plaît à rappeler que tout est bon dans le cochon, mais il pourrait tout aussi bien s'appliquer au gros ruminant, qui se consomme de la pointe du museau à l'autre extrémité, la queue. L'intérieur se mange aussi : Auguste Escoffier lui-même contribua à ennoblir les abats – cervelle de veau, tétine de vache, langue… il en raffolait. Dans le charolais, en particulier. Sa robe de mariée émaille de taches blanches les verts pâturages bourguignons. La race réputée pour la qualité de sa viande produit de solides bestiaux, dont les plus gros atteignent les 1650 kg. La réputation du bœuf charolais devient internationale avec l'Exposition universelle de 1867, quand il reçoit la distinction de la meilleure viande de boucherie du monde. En 1974, elle est la première viande bovine à bénéficier d'un Label Rouge. Depuis, elle est protégée par une Indication géographique protégée (IGP).

BLEU, SAIGNANT OU TROP CUIT

Braisé, rôti, grillé, bouilli, miroton, mode, aux carottes, Wellington, Rossini, Stroganoff… d'innombrables recettes permettent d'accommoder le bœuf, qu'il soit débité en steak, paleron, macreuse, onglet, poire, bavette, culotte, jumeau, filet, araignée, flanchet… À Charolles, Frédéric Doucet est l'un des chefs qui connaissent le mieux cette viande hors catégorie. Il la prépare dans son restaurant étoilé et dans son bistrot : il y en a pour tous les goûts et toutes les bourses, allez la goûter cet été. Et, comme on le rappelle dans certains établissements de bonne tenue : le bœuf grillé ou rôti se mange bleu, saignant ou trop cuit.

LE CHEF EN PARLE

Je suis quasiment né dans cette bâtisse, ici, à Charolles, en Saône-et-Loire. Mon père était en cuisine, ma mère en salle. Ma sœur et moi vivions parmi les clients. Quand j'ai racheté la maison, avec ma femme, en 2007, j'avais un objectif : décrocher une étoile. On l'a eue en 2012. En 2016, nous avons rejoint les Relais & Châteaux. Mon père travaillait les produits de Bourgogne, notamment une magnifique entrecôte de 400 grammes, qu'il servait sur une plaque de fonte : elle finissait de cuire devant le client.
Au restaurant gastronomique, je présente maintenant la viande autrement, sur une planche en bois, ce qui me permet de maîtriser encore mieux la cuisson. Elle est accompagnée d'un condiment herbacé, une sorte de pesto qui évolue au gré des saisons. Je prépare aussi, pour deux personnes, un bœuf en croûte de foin, servi avec un condiment ortie, pimprenelle, oxalis, menthe et découpé en salle.
Nous recevons les viandes quinze jours après l'abattage, et nous les mettons à maturer trois semaines en chambre froide. Le bœuf d'ici est exceptionnel. L'herbe qu'il broute est riche, cela donne une viande très rouge, magnifiquement persillée, d'une tendreté inégalable. Au dessert, on retourne dans les pâturages avec un soufflé chaud à la luzerne accompagné d'une glace au foin.

Frédéric Doucet

CŒUR D'ENTRECÔTE CHAROLAISE MATURÉE 40 JOURS

pommes confites et soufflées, soubise, condiment herbacé

POUR 4 PERSONNES

PRÉPARATION : 45 MIN
CUISSON : 1H15

ENTRECÔTE CHAROLAISE

- 2 entrecôtes maturées de 400 g chacune
- 1 branche de thym
- 1 feuille de laurier
- 40 g d'huile de pépins de raisin
- 2 échalotes
- 2 gousses d'ail
- 10 g de beurre
- Fleur de sel
- Poivre du moulin

CONDIMENT HERBACÉ

- 15 g de persil
- 15 g de pimprenelle
- 15 g de cresson
- 15 g d'orties
- 3 cl d'huile d'olive
- 3 cl d'huile de noix
- 3 cl de vinaigre de Xérès
- ½ c. de moutarde de Dijon
- ¼ de l de jus de citron jaune
- 2 cl de bouillon de volaille (voir p. 276)
- 6 petites câpres
- 3 anchois de Collioure
- Sel
- Poivre

CONDIMENT HERBACÉ

Lavez et équeutez toutes les herbes. Blanchissez et faites immédiatement refroidir dans la glace. Égouttez et pressez-les. Mixez au blender en ajoutant tous les ingrédients, jusqu'à obtenir un coulis bien vert. Filtrez et réservez.

ENTRECÔTE CHAROLAISE

Faites chauffer une cocotte avec l'huile de pépins de raisins, ajoutez les aromates et colorez la viande au beurre en prenant soin de bien l'arroser. Finissez la cuisson au four à 170 °C (th. 6) environ 10 min, à la sonde à 46 °C à cœur pour une cuisson saignante. Au terme de la cuisson, débarrassez sur une grille et recouvrez de papier aluminium. Réservez. Pour la découpe, coupez des tranches bien régulières d'environ 2 cm d'épaisseur et 12 cm de longueur.

POMMES CONFITES

Épluchez puis détaillez à l'emporte-pièce des palets de 2 cm de diamètre et 2 cm de hauteur. Pochez-les, puis faites-les confire dans la graisse de canard. Assaisonnez et réservez.

POMMES CONFITES

- 1 grosse pomme de terre
- 200 g de graisse de canard
- Sel
- Poivre

POMMES SOUFFLÉES

- 1 grosse pomme de terre
- 50 cl d'huile de pépins de raisin
- Sel

SOUBISE

- 200 g d'oignons paille (épluchés)
- 4 cl d'huile de pépins de raisin
- 60 g de beurre
- 40 g d'eau
- Sel
- Poivre

POMMES SOUFFLÉES

Détaillez la pomme de terre en tranches rectangulaires de 3 mm d'épaisseur. Faites-les frire dans un premier bain d'huile à 140 °C en les remuant régulièrement. Plongez-les aussitôt dans un second bain d'huile à 180 °C. Elles vont immédiatement gonfler. Épongez-les sur un papier absorbant. Salez et réservez.

SOUBISE

Épluchez, émincez les oignons et faites-les revenir dans l'huile et le beurre fondu devenu noisette. Quand les oignons sont bien caramélisés, déglacez avec l'eau. Laissez étuver 30 min sans couvrir. À la fin, mixez et filtrez. Débarrassez en pipette.

Dressage

Sur une planche en bois, dressez harmonieusement la tranche d'entrecôte charolaise au centre. Agrémentez d'un trait de sauce herbacée et d'un trait de soubise où seront disposées 3 pommes confites ainsi que 3 pommes soufflées. Le restant de la sauce pourra être mis en saucière pour une meilleure dégustation.

François Perret

LA CRÈME

d'Étrez

Avec plus de 65 % d'eau, la crème fraîche est la matière grasse la moins calorique : elle fait mieux que l'huile, le saindoux, la végétaline, la margarine et le beurre. Combinée à sa richesse en vitamines (A, B2, B9) et en minéraux (calcium, phosphore), aucune raison d'hésiter à garnir vos préparations sucrées comme salées de cet ingrédient incontournable de la gastronomie française, qui a fait et continue de faire sa renommée aux quatre coins du monde, au même titre que le beurre. Que seraient la blanquette de veau, la volaille à la crème, la crème Chantilly ou le pain perdu sans sa texture onctueuse et sa saveur légèrement acide ?

LA BRESSE, UN TERRITOIRE DE CHOIX

C'est au XIXe siècle que la crème prend définitivement son essor : elle trouve sa place dans les sauces, farces, omelettes et desserts. Il existe une large palette de crèmes fraîches selon la consistance (épaisse, semi-épaisse, liquide) et la teneur en matière grasse. Aujourd'hui, deux d'entre elles produites sur notre territoire bénéficient d'une appellation d'origine protégée au niveau européen : celle d'Isigny en Normandie, depuis 1995 et celle de Bresse, depuis 2014. Plus récente, la seconde est aussi la moins connue, dans une région où la volaille attire toute la lumière. Elle regorge pourtant de qualités. La plaine de la Bresse, qui s'étend sur trois départements (Ain, Saône-et-Loire, Jura) au sol argileux jalonné de bocages, prairies et rivières, constitue un terroir de choix, aux prés paisibles, pour les vaches. Elles s'y alimentent dans la variété (herbes, maïs), conférant à leur lait, dont sont issus trois AOP – le beurre, la crème épaisse et la crème semi-épaisse – une forte teneur en matière grasse.

LE CHEF EN PARLE

J'ai découvert la crème d'Étrez en Bresse, où je suis né, il y a presque quarante ans. On peut dire que j'ai été élevé dedans ! Nous l'achetions dans son pot en verre et la dégustions sur des fraises avec un peu de sucre, ou dans la sauce de l'incontournable poulet de Bresse. Quand on a la chance d'avoir accès à un produit d'une telle qualité, doté d'une AOP et, qui plus est, de sa région d'origine, le travailler est une évidence. Au Ritz, je me fournis auprès de la coopérative la Laiterie d'Étrez. Leur crème gastronomique semi-épaisse, que j'aime marier à des fraises, est d'une douceur folle, presque sucrée, pareille à un bonbon. Lorsque vous plongez une cuillère dedans, je vous mets au défi de ne pas y retourner ! La version épaisse, légèrement aigre, est parfaite pour contrebalancer des fruits très sucrés, comme dans la tarte aux cerises que je vous propose. Quant à mes crèmes gastronomiques et épaisses, je les utilise telles quelles ou juste légèrement montées au fouet pour accompagner une pâtisserie, mais aussi, de façon invisible pour le client, dans certaines de mes préparations afin de créer une acidité et de trouver le juste équilibre en sucre. Lorsqu'on choisit ses produits laitiers, il me semble fondamental d'aller vers des coopératives, dont les produits sont d'ailleurs désormais distribués même en supermarchés. On parle beaucoup de la qualité des fruits pour réussir un dessert, mais celle de la crémerie est également fondamentale. Le lait issu de vaches qui sortent n'a pas le même goût ni la même odeur que les produits UHT : il sent la nature, les pâturages.

François Perret

TARTE AUX CERISES

et à la crème

POUR 8 TARTES INDIVIDUELLES

PRÉPARATION : 30 MIN
CUISSON : 1H15
REPOS : 1 H

PÂTE SUCRÉE
- 90 g de sucre glace
- 150 g de beurre
- 30 g de poudre d'amande
- 1 œuf
- 1 g de fleur de sel
- 250 g de farine T55

CRÈME D'AMANDE CERISE
- 30 g de beurre
- 30 g de sucre semoule
- 25 g d'œuf (½ œuf)
- 30 g de poudre d'amande
- 100 g de cerises coupées en morceaux

CHUTNEY DE CERISES
- 300 g de cerises coupées en deux
- 25 g de sucre semoule
- 1 gousse de vanille
- 30 g d'eau
- 40 g d'eau-de-vie de kirsch

CRÈME D'ÉTREZ
- 240 g de crème épaisse d'Étrez

POUR LE DRESSAGE
- Environ 50 grosses cerises
- Sucre cassonade

PÂTE SUCRÉE

Mélangez le sucre glace, le beurre pommade et la poudre d'amande, puis ajoutez l'œuf et la fleur de sel. Incorporez la farine et mélangez délicatement le tout jusqu'à l'obtention d'une préparation homogène. Laissez ensuite durcir au frais pendant 1 h. Étalez la pâte et foncez-la dans des cercles de 8 cm ou des moules à tartes individuels de 8 cm. Mettez à cuire à 165 °C (th. 6) pendant environ 12 min.

CRÈME D'AMANDE CERISE

Mélangez le beurre pommade et le sucre puis ajoutez l'œuf, la poudre d'amande et, en dernier, les cerises en morceaux. Pochez ensuite 30 g de crème d'amande cerise dans le fond de chaque tarte. Laissez cuire à 150 °C (th. 5) pendant environ 8 min. La crème doit rester blanche.

CHUTNEY DE CERISES

Dans une petite casserole, mettez le sucre, la vanille fendue puis grattée et l'eau. À la première ébullition, ajoutez les cerises et les noyaux (glissés dans une chaussette alimentaire, à retirer en fin de cuisson). Une fois le mélange bien chaud, ajoutez l'eau-de-vie et flambez. Mettez ensuite le tout à cuire environ 1 h, à tout petit feu (le minimum possible). Arrêtez la cuisson lorsque le tout est bien rouge et compoté, tout en gardant la forme de cerises.

CRÈME D'ÉTREZ

Montez légèrement au fouet une quantité suffisante de crème épaisse (à peu près 30 g par tarte).

Dressage

Dénoyautez les cerises à l'aide d'une cuillère à pomme parisienne en gardant de côté les queues pour la décoration (prévoir entre 6 et 7 cerises par tarte selon leur taille). Garnissez le fond de tarte avec 25 g de chutney de cerises. Posez les cerises sur le tour de la tartelette et garnissez des queues mises de côté. Garnissez le centre de la tarte avec 30 g de crème épaisse légèrement montée. Saupoudrez légèrement la tarte de sucre cassonade. Dégustez.

Jean Sulpice

LA FÉRA
du lac d'Annecy

La féra est un poisson d'eau très douce, de la famille des salmonidés, qui s'épanouit dans les grands lacs des Alpes. Elle avait pratiquement disparu du Léman dans les années 1920 : il a fallu réintroduire des alevins pour que cette espèce emblématique repeuple les fonds franco-suisses.

UNE EAU D'UNE RARE PURETÉ

Le lac d'Annecy, réputé pour la pureté de ses eaux vertes qui donnent à plus d'une crique des allures de lagon, est un paradis pour la féra qui y vit en bancs et se nourrit de préférence de plancton et, à défaut, de petits vers. Les plus grosses féras atteignent ici 1,5 kg. « Si l'eau n'est pas propre, il n'y a pas de féra, explique Florent Capretti, pêcheur professionnel. En revanche, comme le lac d'Annecy est d'une pureté exceptionnelle, la croissance de ces poissons est plus lente. Les féras du Léman mettent un an de moins à atteindre la taille réglementaire. »

LE CHEF EN PARLE

Le lac d'Annecy est le plus grand et le plus pur de France. Ses eaux sont aussi un peu plus froides, ce qui donne aux poissons et crustacés qui le peuplent une saveur particulière. Les poissons d'eau douce sont plus fragiles, plus délicats que les poissons de mer, leur cuisson demande donc une précision implacable. Sinon, la chair devient sèche, c'est fichu. Le mieux, évidemment, est de les cuisiner dès réception, la chair est beaucoup plus ferme. À l'Auberge du Père Bise, j'ai la chance d'être les pieds dans l'eau du lac : Florent Capretti me livre sans descendre de son bateau. Je suis né à quelques kilomètres de là, en Savoie, au bord d'un autre lac, celui du Bourget. Là-bas, on appelle la féra le « lavaret ». Traditionnellement, les Savoyards mangeaient la féra cuite façon meunière. Certains apprécient le foie sauté à l'échalote, voire flambé. Mais à mon avis, la féra mérite mieux. Pourtant les poissons de lac ne sont apparus sur les tables gastronomiques qu'il y a une vingtaine d'années. Avant, on en trouvait dans les auberges du coin, ou chez les gens. La chair de la féra est moins grasse que celles de l'omble ou de la truite. Je lui trouve un goût que je qualifierais de plus « viandé », et qui supporte particulièrement les saveurs des quatre saisons. Ainsi, elle s'accommode parfaitement de celle des champignons d'automne, de l'acidité d'un agrume, mais aussi, comme le sandre, de manière plus surprenante, d'une sauce au vin rouge. On peut aussi la fumer, après avoir cuit au sel les filets désarêtés. Dans mon premier restaurant, je servais une féra fumée avec une gelée de concombre, un œuf de caille poché et de l'oxalis pour l'acidité, ce plat plaisait énormément à la clientèle. Je prépare aussi une féra sauce barigoule, dont le côté anisé fonctionne très bien. On peut poser, sur la peau, une très fine tranche de pain, et cuire le tout au beurre dans la poêle : le pain devient croustillant, le contraste avec le moelleux de la chair est délicieux.

Jean Sulpice

FÉRA

au cresson

POUR 8 PERSONNES

PRÉPARATION : 20 MIN
CUISSON : 5 MIN

- 8 filets de féra du lac d'Annecy
- Sel

CHLOROPHYLLE DE CRESSON

- 200 g de cresson
- 100 g d'épinards
- 25 g de beurre
- Sel

SAUCE CRESSON

- 300 g de cresson
- 50 g d'eau
- 80 g de beurre
- Jus de citron jaune
- Sel

FINITION ET DRESSAGE

- 1 citron confit au sel
- 10 g de cresson
- 50 g d'œufs de truite
- Fleur de sel
- Poivre

Taillez les filets de féra dans la longueur et assaisonnez-les au sel fin. Roulez-les « tête-bêche » dans un film. Faites-les cuire à la vapeur à 90 °C pendant 2-3 min. Laissez reposer, enlevez le film et taillez des tronçons de 3 cm à froid.

CHLOROPHYLLE DE CRESSON

Blanchissez 100 g de cresson et les feuilles d'épinard, mixez-les, puis remixez avec 100 g de cresson cru. Passez au chinois étamine, chauffez légèrement afin de monter au beurre. Rectifiez l'assaisonnement.

SAUCE CRESSON

Mixez à cru le cresson avec l'eau, puis passez au chinois étamine. Chauffez l'eau de cresson, montez au beurre, ajoutez le jus de citron et le sel.

Fintion et dressage

Prélevez l'écorce du citron confit et taillez-la en petits cubes. Hachez le cresson. Mélangez le tout avec les œufs de truite. Réchauffez à la casserole la chlorophylle de cresson ainsi que la sauce cresson. Réchauffez la féra au four vapeur (ou four traditionnel) pendant quelques minutes. Disposez dans le fond de l'assiette la chlorophylle. Assaisonnez de fleur de sel et de poivre les morceaux de féra, puis placez-les harmonieusement sur la chlorophylle. Ajoutez 1 c. à c. de mélange œufs de truite, cresson, citron sur chaque morceau de féra. Dressez la sauce cresson en saucière.

Emmanuel Renaut

LE GARDON

du lac Léman

Une bonne quenelle, c'est du poisson costumé en nuage. Souvent du brochet. Comme le loup d'eau douce proliférait dans la Dombes, des petits malins inventèrent une recette permettant tout à la fois de conserver sa chair délicate en la mêlant à une « panade » (mélange de farine, d'eau, de lait, parfois d'œufs), et de se régaler autrement qu'avec les préparations classiques. Lyon s'est arrogé le titre de capitale de la spécialité, bien que d'autres régions excellent dans ce type de préparation.

TOUT EN DÉLICATESSE

Il n'y a pas que Lyon et le brochet dans la vie. Intéressons-nous au lac Léman, et à l'une des bestioles qui le peuplent : le gardon. À attraper, c'est assez sportif, car le poisson à nageoires rousses se débat comme un beau diable au bout de l'hameçon. À manger, ce n'est pas bien fameux, quoiqu'il n'ait pas trop le goût de vase - il se nourrit de plancton ou d'algues : mais soyons francs, ce n'est pas du turbot et les arêtes gâchent la dégustation. Cependant, s'il tombe dans la casserole d'un cuisinier hors pair comme Emmanuel Renaut, le rouquin d'eau douce fait des étincelles. En le fondant en quenelles, fini les arêtes dans le gosier, oublié, le gras de la friture, adieu, les résidus de peau collés au palais, voici un mets tout en délicatesse.

Il y a une quinzaine d'années, j'ai décidé de sortir les poissons de mer de ma carte, en cohérence avec ma démarche générale qui visait une plus grande radicalité. Évidemment, il faut accepter de savoir s'adapter à la nature. Parfois, au début du printemps, les filets attrapent plein d'algues car elles prolifèrent au fond des lacs : comme les poissons les voient, seuls les aveugles se font prendre. Il y a de cela quatre ou cinq ans, mon pêcheur du lac Léman me dit qu'il n'attrapait guère que des gardons. Je n'en faisais pas. Fils de poissonniers, j'adore le poisson mais j'ai horreur des arêtes et les gardons en sont pleins. En plus, elles se cassent quand on veut les retirer.

LE CHEF EN PARLE

Un goût puissant

Par défaut, je m'y suis mis. Le gardon a un goût puissant, intéressant. J'ai tout essayé : de les traiter comme des sardines, ou au vinaigre comme des maquereaux... Je n'étais pas satisfait du résultat, notamment à cause de ces satanées arêtes. L'avantage de la quenelle, c'est qu'avec cette préparation, plus de problème d'arêtes ! Cette recette est un peu un dérivé de mon biscuit de brochet, créé il y a près de vingt ans, lequel était hérité du pain de lotte à la béchamel ou à la sauce armoricaine que faisait ma mère quand j'étais enfant. Pourquoi mélanger le gardon et le brochet ? Pas vraiment pour le goût, car celui du premier l'emporte sur celui du second. Mais pour la consistance : la chair du gardon ne contient pas de collagène, contrairement à celle du carnassier, et j'en ai besoin car je n'utilise pas de farine pour cette recette. Le jus d'oignon n'est pas exactement le même que celui dont j'accompagne mon biscuit de brochet, extrêmement délicat : ici, il sera beaucoup plus fort, plus marqué en oignon et plus "grillé", pour tenir tête au gardon. J'ajoute de la mélisse en saison, j'adore sa fraîcheur citronnée.

Emmanuel Renaut

QUENELLES DE GARDON

jus d'oignons grillés et mélisse

POUR UNE VINGTAINE DE QUENELLES

Préparation : 25 min
Cuisson : 1 h 05

QUENELLES

- 300 g de gardon
- 500 g de brochet
- 30 g de sel
- 30 g de sucre semoule
- 4 œufs
- 80 g de crème liquide
- 100 g de beurre
- 80 g de sauce américaine

JUS D'OIGNONS

- 2 oignons
- 250 g de beurre
- Sucre semoule
- ½ litre de bouillon de légumes (voir p. 277)
- 1 botte de mélisse (ou de verveine)
- 1 c. à s. de purée d'herbes
- Sel

Mixez la chair de gardon et de brochet avec le sel et le sucre. Ajoutez les œufs, la crème liquide, le beurre fondu et la sauce américaine chaude. Passez au tamis puis moulez les quenelles. Faites cuire à la vapeur 15 min à 80 °C, puis laissez refroidir. Avant de servir, réservez au four tiède à 90 °C (th. 3).

JUS D'OIGNONS

Émincez les oignons puis colorez-les avec 1 c. à s. de beurre. Quand les oignons arrivent à coloration brune, ajoutez une pincée de sucre pour les caraméliser. Mouillez avec le bouillon de légumes et laissez cuire 45 min. Passez au chinois, montez le bouillon au beurre, rectifiez et laissez infuser la mélisse. Passez et ajoutez une cuillerée de purée d'herbe. Dressez et servez.

René et Maxime Meilleur

LE LAIT
de Savoie

Le liquide blanc entre dans moult compositions culinaires, de la béchamel à la crème anglaise en passant par le beurre, le fromage, les quenelles, le riz au lait, jusqu'aux farces *via* l'indispensable mie de pain trempée puis mélangée aux viandes. Il permet de confectionner l'une des meilleures confitures qui soient. La Picardie et la Normandie s'enorgueillissent de leur savoir-faire en la matière, mais force est de constater que la terre entière a eu l'idée de faire réduire du lait avec du sucre.

LE PLUS FANTASTIQUE DESSERT LACTÉ

Les Alpes sont réputées pour la pureté de leur lait d'altitude. Autrefois, les paysans savoyards qui menaient leurs bêtes à l'alpage construisaient un « garde-lait » en utilisant la fraîcheur d'un torrent. Les vaches étaient traites deux fois par jour, et la fabrication des fromages de compétition allait bon train. Avec la crème, on faisait du beurre. Et avec ce qui restait, une « réchauffe » permettait de fabriquer le sérac, la brousse locale, réservé à la consommation familiale. L'ultime résidu faisait la joie des cochons. Pas étonnant que ce soient des chefs montagnards qui aient conçu le plus fantastique dessert lacté de notre connaissance : le « lait dans tous ses états » de René et Maxime Meilleur. Le goût originel est ici redécouvert et offert à ceux qui l'avaient oublié, sonnés par des années de pasteurisation.

LE CHEF EN PARLE

À l'origine, je cherchais une idée de dessert léger et blanc pour le menu de la Saint-Sylvestre. J'en parle à mon père, René. Il me dit, en piochant dans des souvenirs de son enfance, et notamment une polenta arrosée de lait qu'on mangeait dans les alpages : du lait. D'accord, mais comment arriver à faire quelque chose de magique avec un produit aussi répandu, dont tous les clients ont un litre ou deux dans leur frigo ? Peu à peu, nous avons élaboré une assiette régressive, qui ramène à l'enfance. Elle se compose de couches différentes mais déclinées sur la base du même produit. Les textures, les températures se complètent et se répondent. On le mange à la cuillère de façon à doser à sa guise chaque bouchée. L'essentiel du sucre du dessert est contenu dans la confiture de lait, qui arrondit les papilles ; le reste est très peu sucré, cela reste léger pour terminer un bon repas. Au début, on avait prévu de faire la confiture avec des boîtes de lait concentré cuites à la Cocotte-Minute, mais nous avons progressé. Dans l'assiette, nous assemblons un biscuit au lait cuit à la vapeur, un sorbet au lait, une mousse de lait, des meringues à la poudre de lait et une tuile au lait de chèvre ou de brebis, plus acide, dont le goût plus prononcé nécessite un dosage précis. Il y a du froid, du croquant, du moelleux, du doux, du vif. Ce dessert était conçu pour un unique réveillon. Aujourd'hui, c'est le seul dessert qui ne bouge jamais de la carte, tout au long de l'année.

LAIT DANS TOUS SES ÉTATS

POUR 6 PERSONNES (DIFFICILE)

Préparation : 35 min
Cuisson : 15 min
Repos : 24 h

BISCUIT VAPEUR
- 75 g de blancs d'œufs
- 35 g de sucre semoule
- 62 g de yaourt de chèvre
- 5 g de lait en poudre
- 22 g de farine

TUILE GIVRÉE
- 45 g de lait de chèvre
- 115 g de yaourt de chèvre
- 17 g de sucre semoule
- 1,5 g d'agar-agar
- 1 feuille de gélatine Qualité Or (réhydratée à 5 fois son poids en eau froide)

MOUSSE
- 150 g de lait de chèvre
- 200 g de crème
- 32 g de sucre semoule
- ½ feuille de gélatine

GLACE
- 150 g de crème fleurette
- 110 g de sucre semoule
- 500 g de yaourt

BISCUIT VAPEUR
Montez les blancs, serrez-les avec le sucre. Ajoutez à la maryse le yaourt, le lait en poudre et la farine tamisée. Versez dans un moule silicone. Mettez à cuire au four vapeur à 80 °C (th. 3) pendant 8 min.

TUILE GIVRÉE
Faites bouillir le lait, le yaourt et le sucre. Ajoutez l'agar-agar et refaites bouillir 1 min, puis débarrassez dans un cul-de-poule, ajoutez la gélatine, essorez et laissez refroidir. Mixez jusqu'à ce que le mélange soit lisse. Coulez entre deux feuilles « palet doré », puis étalez délicatement avec un rouleau à une épaisseur de 2,5 mm. Réservez. Retirez la feuille du dessus et détaillez en rond à l'aide de l'emporte-pièce de 110 mm. Retaillez une pastille à l'aide d'un cercle de 60 mm. Réservez au congélateur en boîtes hermétiques séparées.

MOUSSE
Chauffez le lait, la crème et le sucre, incorporez la gélatine, chinoisez, versez dans la cuve d'un siphon d'un demi-litre, gazéifiez d'une cartouche, secouez et réservez au frais.

GLACE
Portez à ébullition la crème et le sucre, ajoutez le yaourt, mixez, versez dans le bol Pacojet® (ou, à défaut, dans une sorbetière) et mettez au congélateur 24 h. Pacossez. Réservez en poche avec une douille cannelée au congélateur, dans un torchon.

NOISETTES CARAMÉLISÉES
- 25 g d'eau
- 100 g de sucre semoule
- 100 g de noisettes torréfiées

CONFITURE DE LAIT
- 400 g de lait
- 100 g de crème
- 100 g de sucre semoule
- 100 g de glucose

MERINGUES SUISSES
- 100 g de blancs d'œufs
- 200 g de sucre semoule
- 5 g de lait en poudre

NOISETTES CARAMÉLISÉES

Portez l'eau et le sucre à 115 °C. Ajoutez les noisettes et faites-les caraméliser à feu moyen en remuant sans arrêt. Laissez refroidir.

CONFITURE DE LAIT

Mettez les ingrédients à cuire à la casserole jusqu'à atteindre 110 °C (th. 4), mixez et réservez en boîte hermétique.

MERINGUES SUISSES

Montez les blancs au bain-marie avec le sucre à 50 °C, puis refroidissez au batteur avec le lait en poudre, étalez sur plaque en forme de gouttes et réservez en étuve. Mettez de côté les moins belles.

Dressage

Au centre d'une assiette creuse, déposez un biscuit vapeur, parsemez de noisettes caramélisées, déposez la quantité souhaitée de glace au lait au milieu, puis de meringue. Recouvrez d'une boule de mousse pour donner du volume, superposez la tuile givrée, mettez 3 « gouttes » de meringue et un point de confiture, et terminez en versant la confiture de lait.

Éric Frechon

LA MORILLE BLONDE

de Franche-Comté

Elle est sauvage parmi les sauvages et cette rareté en fait la préciosité comme la légende en Savoie, en Auvergne, en Corrèze, dans les Vosges, toutes terres élues de ce champignon ascomycète de la famille des *Morchellaceae*. En Franche-Comté, sans se laisser dompter, sans s'offrir à la première lisière, la morille s'est trouvé un petit continent. On la trouve sur deux types de terrains pourvu qu'ils soient sablonneux, granitiques ou argilo-calcaires. D'abord les « endroits fidèles » où elle revient, chaque année, en bordure de bois, au fil des chemins forestiers, à proximité des cours d'eau. Et puis, ces zones plus éphémères, plus chaotiques, au hasard d'une scierie ou d'une clairière incendiée. Mais avec la morille, le sol n'est rien sans le ciel. Il faut que celui-là fasse ses caprices, alterne humidité et chaleur. La morille est une caractérielle qui aime les orages et les chocs thermiques.

BOMBINETTES VITAMINÉES

Elle vaut comme un champignon fortement protéiné, riche en fibres et sels minéraux, et vitaminée (B, D, E). En cuisine, c'est un tout-terrain. Poêlée, braisée, sautée, étuvée, elle révèle une chair souple et ferme, un parfum subtil et une belle sociabilité gastronomique. Elle sied aux conforts des omelettes et des œufs brouillés, ne dédaigne pas les rondeurs d'un risotto ou de cannelloni, les velours d'une farce, les mascaras de jus corsé et de bouillon dense, les courbes d'une volaille ou d'une viande blanche bien épanouie. Caresse pour caresse, la morille est surtout une ivre de crème, ravie de s'épancher dans les rubans de vin jaune ou d'estragon.

LE CHEF EN PARLE

La Normandie, d'où je viens, n'est pas vraiment une terre propice à ce champignon. La morille est donc devenue une complice assez tardivement. Elle a tout : saveur, texture, esthétique ; un mélange de délicatesse et de robustesse, de raffinement et de résistance qui offre cette impression unique en bouche, quelque part entre l'éponge et la dentelle. C'est une sorte de formidable buvard gourmand qui appelle les farces fines et les sauces friandes. Sous ses airs rustiques, c'est une fragile qu'il faut manier avec précaution et dans son intégrité, aussi bien les parures que les têtes. Je lui trouve une vertu supplémentaire, celle de commander une rare cuisson à l'étuvée. J'entends par là de ne surtout jamais la faire bouillir au risque de la rendre flasque mais de lui faire prendre un bain court. On la fait d'abord transpirer avec un peu de beurre à la poêle, puis on la mouille dans le bouillon dense de ses parures, cinq minutes maximum quand elle n'est pas farcie, dix minutes, dans le cas contraire. C'est ainsi qu'elle se révèle dans sa quintessence, légèrement *al dente* et vient exprimer sa force tranquille, sa délicatesse sereine. Je préfère toujours les morilles blondes (en vérité, d'un brun léger) et fraîches plutôt que sèches. Faut-il ajouter qu'il convient de ne jamais les briser avec de l'ail haché et surtout, surtout, de ne les composer à cru car elle sont alors parfaitement toxiques.

Éric Frechon

MORILLES BLONDES

farcies de ris de veau et jambon de pays, jus parfumé au vin jaune, mousse de cresson

POUR 4 PERSONNES

PRÉPARATION : 50 MIN
CUISSON : 30 MIN
REPOS : 18 H

MORILLES BLONDES

- 20 grosses morilles françaises
- 50 g de beurre
- 2 cl de vin jaune
- Sel fin
- Poivre du moulin

FARCE FINE

- 100 g de blanc de volaille
- 2 g de sel
- 16 g de blanc d'œuf
- 6 cl de crème liquide
- Poivre du moulin

FARCE DE RIS DE VEAU ET JAMBON

- 250 g de morilles
- 1 échalote
- 40 g de beurre
- 30 g de jambon Serrano
- 50 g de lard de Colonnata
- 25 g de foie gras
- 15 g de mie de pain de campagne
- 2,5 cl de jus de volaille
- 175 g de ris de veau
- 5 g de persil plat ciselé

RIS DE VEAU

Mettez les ris de veau à dégorger pendant 12 h, en changeant l'eau de temps en temps. Blanchissez-les, épluchez-les et mettez-les sous presse pendant 6 h. Ensuite, coupez-les en dés. Réservez au frais.

FARCE FINE

Mixez le blanc de volaille au blender. Ajoutez le sel et le blanc d'œuf, puis mixez. Ajoutez la crème liquide et mixez à nouveau. Passez au tamis fin. Rectifiez l'assaisonnement en poivre et réservez dans un cul-de-poule au frais.

FARCE DE RIS DE VEAU ET JAMBON

Nettoyez soigneusement les morilles et coupez-les en quatre. Épluchez et ciselez les échalotes, puis faites-les confire dans 25 g de beurre. Taillez le jambon Serrano et le lard de Colonnata en brunoise. Taillez le foie gras en cubes. Mettez à tremper la mie de pain de campagne dans le jus de volaille chaud. Dans un sautoir, faites colorer les ris de veau dans 15 g de beurre. Ajoutez les morilles, les échalotes confites et le lard de Colonnata, puis les ris de veau, le foie gras en cubes, la mie de pain, le persil plat ciselé et la brunoise de jambon. Rectifiez l'assaisonnement si nécessaire, mélangez bien et réservez dans un cul-de-poule. Quand la préparation a refroidi, incorporez la farce fine. Salez et poivrez généreusement.

MOUSSE DE CRESSON

- 50 g de cresson
- 50 g de farine
- 20 g de beurre
- 1 pincée de levure chimique
- 6 cl d'eau
- 25 g de jaune d'œuf
- 40 g de blanc d'œuf
- 1 pincée de sel

DÉCOR

- Pousses de cresson
- Fleurs d'ail

MOUSSE DE CRESSON

Réunissez dans la cuve du blender le cresson, la farine, le beurre, le sel et la levure chimique, versez l'eau chaude et mixez. Ajoutez le jaune et le blanc d'œuf, mixez et passez au chinois. Mettez en siphon et gazez trois fois. Siphonnez aux trois quarts dans deux gobelets en carton et faites cuire pendant 2 min au four à micro-ondes. Démoulez et rompez les biscuits en petits morceaux. Réservez.

MORILLES BLONDES

Nettoyez soigneusement les grosses morilles, puis garnissez-les de farce de ris de veau et jambon. Assaisonnez de sel et poivre, puis déposez-les dans le beurre mousseux. Laissez cuire à couvert pendant 4 min, versez le vin jaune et finissez la cuisson jusqu'à liaison de la sauce.

Dressage

Répartissez les morilles dans les assiettes, déposez harmonieusement des morceaux de mousse de cresson et ajoutez des jeunes pousses de cresson et la fleur d'ail. Arrosez d'un filet de sauce.

Jean-Michel Carrette

LE PIGEON

de Bresse

Brillat-Savarin rapporte qu'au temps de Lucullus, les festins étaient autant prétextes à se nourrir qu'à étaler l'opulence de l'amphitryon, qui faisait servir n'importe quoi pourvu que cela fût hors de prix et impressionnât ses convives. Notre auteur cite « ce plat composé de la cervelle de cinq cents autruches, et cet autre où l'on voyait les langues de cinq mille oiseaux ». De nos jours, il arrive qu'un pigeon finisse son voyage dans notre assiette.

NI VOLAILLE NI GIBIER

Au restaurant, le pigeon est un excellent baromètre de la qualité de rôtisseur du chef. Parce que, l'air de rien, ce n'est pas facile de cuire un oiseau de taille modérée de manière qu'il conserve son jus, sa mâche et son goût spécifiques, ni volaille ni gibier. Souvent, on le saisit « sur le coffre », c'est-à-dire sans séparer les filets de la cage thoracique, afin de préserver le moelleux de la viande, qui est d'un rouge profond. Jean-Michel Carrette excelle dans la préparation du roucoulant comestible, fourni par un artisan bressan qui élève ses pigeons à l'ancienne, les nourrissant de graines et de coquilles d'huîtres broyées dont ils raffolent. Les pigeonneaux sont abattus quand ils deviennent dodus, à 1 mois, et livrés à une clientèle exigeante, essentiellement constituée de restaurateurs.

LE CHEF EN PARLE

Mon père, qui tenait le restaurant avant moi, cuisinait déjà le pigeon. Autrefois, dans la région, il y avait toujours dans les fermes quelques pigeons qui picoraient le maïs - ils font partie de notre paysage bourguignon. J'ai été formé dans des restaurants haut de gamme, où c'était un exercice obligé. Chez moi, les clients ont le choix entre une carte ou des menus surprises. On leur demande toujours au préalable s'ils ont des allergies ou s'il y a des produits qu'ils n'aiment pas. Très rares sont ceux qui n'apprécient pas le pigeon. J'ai, cependant, eu quelques remarques négatives quand je servais la cuisse entière, avec la griffe. Je préconise la cuisson « sur le coffre ». Les pigeons ont ainsi plus de goût et de moelleux. Pour la recette que je vous donne, je suis parti sur l'idée d'une monochromie avec un jeu de navets roses en garniture, dont le daïkon, et de cassis de Bourgogne. Il y a notamment une bille de cassis coulant, mais aussi de la poudre confectionnée avec des baies. Pas pour le sucré du fruit, mais pour son acidité, sa légère astringence, qui va claquer en bouche avec la viande de l'oiseau qu'on aura laissé maturer une petite semaine, pas la peine d'en faire trop. Aux Terrasses, je sers ce pigeon sur du foin, qui apporte une touche finale herbacée très agréable. Juste avant d'envoyer, on ajoute quelques feuilles de capucine, pour le côté poivré, et on parsème de pimprenelle et d'amarante. J'aime bien aussi, dans un tout autre registre, faire mariner le pigeon avec des sauces japonaises, du sésame et du gingembre râpé.

PIGEON QUINTART

navets, cassis

Jean-Michel Carrette

POUR 4 PERSONNES

PRÉPARATION : 1 H 05
CUISSON : 12 H 45
REPOS : 10 MIN

- 2 gros pigeons de 580 g pièce
- Huile de pépins de raisin
- 1 échalote
- 1 tête d'ail
- 4 brins de thym frais
- 1 verre de vin rouge
- 30 g de beurre d'Étrez
- 4 mini-navets ronds Tokyo
- 1 l d'eau
- 200 g de cassis
- 10 g de vinaigre balsamique
- 10 g de Kappa Texturas
- 2 œufs
- 100 g de chapelure Panko
- 1 l de fond de volaille (voir p. 276)
- 4 mini-daïkons violets
- 4 mini-daïkons roses
- 30 g de poudre de cassis
- Quelques pousses d'amarante, pimprenelle et capucine
- Sel
- Poivre

PIGEON

Flambez, habillez et videz les pigeons. Réservez cou, foie et abattis. Avec un petit couteau, dégagez les pattes et retirez l'os de la cuisse. Avec un ciseau de cuisine, découpez la carcasse en dessous des filets pour obtenir le « bateau ». Réservez le bas de carcasse pour le jus. Disposez la cuisse sur un papier film, assaisonnez l'intérieur, puis roulez un boudin. Faites cuire au four vapeur une nuit à 70 °C (th. 2), et si vous n'avez pas de four vapeur, faites cuire dans le jus de pigeon. Une fois la cuisse confite, retirez le papier film, puis panez à l'anglaise avec la chapelure : posez la pièce sur un lit de farine tamisée et répétez l'opération sur toutes les faces. Éliminez l'excédent par en la tapotant légèrement, puis passez la pièce dans un bol où vous battu les œufs, et enfin dans la chapelure. Réservez.

JUS DE PIGEON

Concassez le bas de carcasse, les cous et les abattis. Faites colorer les carcasses dans une sauteuse avec un filet d'huile de pépins de raisin, ajoutez une échalote coupée en quatre, une tête d'ail coupée en deux et un brin de thym. Continuez de pincer les sucs, puis déglacez avec un verre de vin rouge. Laissez réduire à sec puis mouillez à hauteur de fond blanc de volaille. Laissez réduire à consistance. Au dernier moment, hors du feu, ajoutez les foies, mixez et filtrez. Rectifiez l'assaisonnement.

CUISSON SUR LE BATEAU

Assaisonnez, puis faites colorer les flancs du bateau avec une noisette de beurre. Enfournez 12 à 14 min au four ventilé à 180 °C (th. 6). Laissez reposer 10 min.

NAVETS

Coupez les fanes, épluchez ou frottez selon l'épaisseur de peau. Faites cuire à l'anglaise puis rafraîchissez dans l'eau glacée.

BILLES DE CASSIS

Mixez le cassis en purée fine, passez au tamis. Faites chauffer en casserole, ajoutez le vinaigre balsamique. Coulez à chaud en moules Silpat demi-sphères. Congelez, puis démoulez. Dans une casserole, mélangez la Kappa et l'eau, puis portez à ébullition 1 min tout en fouettant pour éviter les grumeaux. Laissez tiédir. Si une croûte se forme, retirez et passez au chinois. Piquez à l'aide de cure-dents les demi-sphères de cassis congelé, puis plongez-les dans le mélange de Kappa tiède trois fois. Déposez ensuite sur un papier sulfurisé et retirez les cure-dents. Stockez au frais le temps de la décongélation complète.

Dressage

Faites frire à 180 °C (th. 6) quelques minutes les cuisses jusqu'à ce que la chapelure prenne une jolie couleur blonde. Levez les filets et faites-les chauffer 3 min à 180 °C (th. 6). Glacez dans une poêle avec une noix de beurre, 1 c. à s. de fond blanc de volaille, 1 c. à s. de jus de cassis et les navets. Coupez les mini-daïkons en rondelles. Disposez sur une assiette, ajoutez la bille de cassis coulante préalablement tempérée, disposez les rondelles de mini-daïkons et parsemez avec un peu de poudre de cassis et quelques pousses d'amarante, pimprenelle et capucine. Servez le jus réduit à part.

Sébastien Gaudard

LA RHUBARBE

du Grand Est

Elle fait figure aujourd'hui de reine des tartes, crumbles, compotes et confitures ; mais le premier usage de la rhubarbe fut médicinal.

SUBTILITÉ AROMATIQUE

Dans sa version alimentaire, la rhubarbe se pare de multiples atouts : elle est pauvre en calories, riche en vitamines, en calcium, en magnésium, en fibres, et dotée pour certains de pouvoirs anti-inflammatoires et anticholestérol. Attention toutefois, ce légume (car si elle est principalement utilisée comme un fruit, la vivace barbare n'en reste pas moins un légume) ne se consomme pas dans son entier : ses grandes feuilles riches en acide oxalique sont un véritable poison. C'est sa tige, tronçon vert rougeoyant joliment nommé pétiole, qui est comestible. Si on souhaite l'utiliser dans un dessert, il faut la faire dégorger avec du sucre pour contrebalancer sa très forte acidité (plus elle est mûre, plus elle est acide). Très appréciée, donc, par nos voisins britanniques, la rhubarbe est traditionnellement plantée dans le nord et l'est de la France. Elle résiste bien au froid, aime beaucoup l'eau et se ramasse généralement d'avril à juin. Si la plupart des chefs l'utilisent cuite et sucrée, certains la travaillent crue et salée.

LE CHEF EN PARLE

Je suis né à Pont-à-Mousson, en Lorraine. Dans le Grand Est, la rhubarbe pousse dans tous les jardins. Je me souviens du vaste emplacement qu'elle occupait dans le potager de ma grand-mère maternelle : presque deux mètres sur deux lui étaient consacrés ! C'était une plante aux feuilles magnifiques, un géant vert formidable pour se cacher petit. J'ai aussi le souvenir des morceaux d'une acidité intense que je mangeais crus tout juste cueillis... La tarte à la rhubarbe meringuée, typique de ma région natale, a accompagné mon enfance. Aujourd'hui encore, c'est ma tarte préférée : j'aime le contraste entre la douce acidité de la rhubarbe et la sucrosité aérienne de la meringue.

En boutique, je prépare une meringue moelleuse pour satisfaire mes clients, mais je la préfère croquante à l'extérieur. C'est toutefois un dessert qui demande beaucoup de préparations : pâte brisée, migaine (un appareil à flan sucré à la texture d'omelette), rhubarbe et meringue. C'est pourquoi je vous en propose ici une version simplifiée, mais tout aussi délicieuse.

Je n'aime pas quand les tiges sont trop grosses : comme les asperges, elles deviennent vite filandreuses. Je les épluche systématiquement pour l'éviter mais aussi pour les faire dégorger plus efficacement. Attention toutefois si vous les choisissez trop fines : elles seront difficiles à éplucher. Taillez des tronçons d'une certaine taille pour avoir de la mâche et ne jetez pas le jus dégorgé : buvez-le avec un peu de sucre ou versez-le dans une compote de pommes pour la relever. La rhubarbe se marie bien avec la pomme, la fraise, la framboise ou la mangue. Plutôt qu'à des herbes, qui risquent de renforcer son acidité, j'aime l'associer à des épices comme la vanille, qui lui apporte rondeur et gourmandise. Un poivre de Sarawak ou de Jamaïque ou du zeste de citron vert peuvent également lui donner de la complexité.

Sébastien Gaudard

TARTELETTES MERINGUÉES

rhubarbe pomme

POUR 6 PERSONNES

PRÉPARATION : 40 MIN
CUISSON : 1 H
REPOS : 2 H 30

PÂTE BRISÉE
- 180 g de beurre
- 100 g de fécule de pomme de terre
- 6 cl d'eau
- 4 pincées de sel fin
- ½ c. à c. de miel d'acacia
- ½ œuf
- 210 g de farine T55

COMPOTE
- 800 g de rhubarbe
- 60 g de sucre cassonade
- 2 pommes Golden
- 50 g de beurre

MERINGUE
- 3 blancs d'œufs frais à température ambiante (environ 100 g)
- 150 g de sucre cassonade

PÂTE BRISÉE

Malaxez le beurre à température ambiante sans le blanchir, puis ajoutez la fécule, l'eau, le sel, le miel et enfin le ½ œuf. Ajoutez la farine tamisée et mélangez un minimum de temps. Filmez au contact et réservez au frais pendant 1 h.

COMPOTE

Épluchez les tronçons de rhubarbe, coupez-les en bâtonnets de 3 cm de long, mélangez avec 30 g de cassonade et réservez dans un saladier pendant 30 min. Égouttez-les ensuite. Épluchez les 2 pommes, coupez-les en morceaux de 2 cm de côté. Faites fondre le beurre dans une casserole. Ajoutez les ¾ des tronçons de rhubarbe, les morceaux de pommes et les 30 g de cassonade blonde restants. Couvrez et laissez cuire à feu doux en prenant soin de remuer de temps en temps. Après 15-20 min de cuisson à feu doux, ajoutez les derniers morceaux de rhubarbe. Laissez cuire 10 à 15 min. Vérifiez la cuisson de la compote (elle doit conserver quelques morceaux de fruits fondants) puis réservez à température ambiante.

MERINGUE

Battez à vitesse moyenne les blancs d'œufs à température ambiante avec un quart du sucre cassonade blonde, puis ajoutez le reste de sucre petit à petit jusqu'à obtenir des blancs meringués, c'est-à-dire lisses et brillants.
Découpez un patron en carton plus grand de 1 cm que la taille des moules à tartelettes. Étalez la pâte sur 1,5 mm d'épaisseur avec un rouleau à pâtisserie. Détaillez 6 morceaux de pâte et placez-les au fond des moules. Piquez-les avec une fourchette. Laissez reposer la pâte au frais pendant 1 h. Préchauffez votre four à 160 °C. Enfournez les moules 15 min. À la sortie du four, ajoutez la compote pomme rhubarbe dans les fonds de tartelettes, puis pochez la meringue. Glissez au four 10 min supplémentaires et dégustez.

Éric Pras

LE SANDRE
de Bourgogne

Originaire d'Europe centrale, le sandre s'est parfaitement acclimaté aux conditions de vie hexagonales : doué d'une facilité d'adaptation remarquable, il s'est développé dans les rivières, canaux, étangs et lacs du territoire. Grand gaillard à la tête allongée et au corps élancé, le sandre pèse habituellement entre 2 et 3 kg, mais il peut atteindre plus d'un mètre et dépasser les 10 kg. Poisson à chair fine comportant très peu d'arêtes, il peut se cuisiner au court-bouillon, au four, grillé ou à la plancha.

LE CHEF EN PARLE

La Maison Lameloise est située au pied des vignes, et lorsque vient la saison de la taille, une douce odeur de sarments brûlés nous entoure. J'ai eu envie de retrouver cette saveur en cuisine, et l'idée m'est venue de fumer les poissons avec ces mêmes sarments. Les poissons d'eau douce étant très utilisés en Bourgogne, j'ai eu envie de les marier avec une soupe de pomme de terre grillée au genièvre, qui apporte ce côté chaleureux, le tout relevé avec une adaptation du raisiné.
Un plat bien ancré dans ses racines !

CONCURRENT DU BROCHET

Introduit dans la Saône dans les années 1920, le sandre a rapidement prospéré dans certains points d'eau du Morvan pour le plus grand plaisir des adeptes de la pêche de loisir. Dans le Parc Naturel Régional du Morvan, en Bourgogne, s'étendent cinq grands lacs où la pêche des carnassiers, dont le sandre et le brochet, est autorisée. Le sandre est un concurrent sérieux pour le brochet, qui s'épanouit dans les mêmes eaux : avec sa fécondité élevée (on compte 200 000 œufs par kilo) et son régime alimentaire composé exclusivement de poissons arrivés au stade adulte, il aurait tendance à le remplacer. Toutefois, il n'en est pas moins fragile : très exigeant quant à la qualité de son habitat et à l'oxygénation des eaux où il évolue, il subit de plein fouet les affres de la pollution. C'est là que son fort taux de reproduction intervient afin d'assurer la survie de l'espèce, sa progéniture compensant les pertes.

DOS DE SANDRE DE BOURGOGNE SAISI

anguille fumée aux sarments de vigne, soupe de pomme de terre grillée au genièvre

POUR 4 PERSONNES

PRÉPARATION : 45 MIN
CUISSON : 3 H 30
REPOS : 3 H 05

HUILE DE GENIÈVRE
- 4 g de grains de genièvre
- 25 cl d'huile de pépins de raisin

POUDRE DE GENIÈVRE
- 10 grains de genièvre
- 4 cl d'huile de pépins de raisin

SOUPE DE POMME DE TERRE GRILLÉE
- 40 g d'oignon blanc
- 3 cl d'huile d'olive
- 500 g de pommes de terre Agatha
- 10 cl de vin blanc
- 30 cl de bouillon de légumes (voir p. 277)
- ½ l de lait

HUILE DE GENIÈVRE

Écrasez les grains de genièvre avec un mortier. Dans une casserole, faites chauffer l'huile de pépins de raisin à 60 °C. Ajoutez les grains de genièvre et laissez infuser pendant 3 h. Passez au chinois et réservez.

POUDRE DE GENIÈVRE

Écrasez grossièrement les grains de genièvre avec le mortier. Faites chauffer l'huile de pépins de raisin dans une poêle et torréfiez les grains. Débarrassez sur du papier absorbant et mixez jusqu'à obtenir une poudre fine.

SOUPE DE POMME DE TERRE GRILLÉE

Coupez les pommes de terre en deux dans la longueur et faites-les cuire dans de l'eau bouillante légèrement salée pendant 20 min. Épluchez et émincez l'oignon, puis faites-le suer dans une casserole avec l'huile d'olive. Égouttez les pommes de terre et faites-les griller sur un gril pour bien les colorer. Taillez-les en morceaux et ajoutez-les à l'oignon. Déglacez avec le vin blanc et laissez réduire à sec.
Ajoutez le bouillon de légumes et le lait, puis faites cuire pendant 40 min. Terminez en mixant légèrement au mixeur plongeant afin de garder la texture d'un bouillon. Ajoutez 1 c. à s. d'huile de genièvre, puis passez au chinois.

RAISINÉ

Faites tremper les raisins secs dans de l'eau chaude. Ciselez l'oignon blanc et épépinez le raisin noir. Dans une poêle, faites suer l'oignon blanc, puis ajoutez le raisin noir et les raisins trempés pendant quelques minutes. Déglacez avec le vin blanc, faites réduire à sec et ajoutez le verjus. Laissez cuire tout doucement à couvert pendant 1 h, puis ajoutez les filets d'anchois. Mixez avec la mie de pain torréfiée pour obtenir une consistance lisse. Réservez.

Suite de la recette, page suivante

Éric Pras

RAISINÉ

- 50 g de raisins blancs secs
- 30 g d'oignon blanc
- 60 g de raisin noir
- 50 g de vin blanc
- 50 g de verjus
- 70 g de filets d'anchois à l'huile
- 20 g de mie de pain torréfiée

GNOCCHIS DE POMME DE TERRE

- 2 pommes de terre Agatha
- Gros sel
- 1 jaune d'œuf
- 50 g de farine
- Sel fin
- 5 cl d'eau
- 10 g de beurre
- Le zeste de 1 citron jaune
- Poivre

MINI-POIREAUX

- 8 mini-poireaux
- 10 g de beurre
- 4 cl de vinaigre balsamique

ANGUILLE FUMÉE AUX SARMENTS DE VIGNE

- 1 filet d'anguille fraîche dépouillée
- 100 g de gros sel
- Sarments de vigne
- 30 g de farine
- Huile de pépins de raisin
- 30 g de beurre

PAVÉS DE SANDRE

- 4 pavés de sandre de 90 g chacun avec la peau
- 5 cl de beurre clarifié (voir p. 277)
- Sel
- Poivre du moulin

GNOCCHIS DE POMME DE TERRE

Préchauffez le four à 170 °C (th. 6). Lavez les pommes de terre, posez-les sur une plaque recouverte de gros sel et faites-les cuire pendant 1 h 30. Récupérez la chair, passez-la au tamis et mettez-la dans un saladier. Ajoutez le jaune d'œuf, la farine et le sel fin. Mélangez, formez de longs boudins, puis enfin des boules bien rondes de 10 g chacune.
Plongez-les dans une casserole d'eau bouillante salée, et lorsqu'elles remontent à la surface, égouttez-les. Dans un sautoir, préparez un glaçage avec de l'eau et du beurre, puis ajoutez les gnocchis. Salez, poivrez et ajoutez le zeste de citron. Maintenez au chaud.

MINI-POIREAUX

Faites cuire les mini-poireaux à l'anglaise, puis plongez-les dans un saladier d'eau glacée. Égouttez-les, colorez-les dans une poêle avec le beurre, puis déglacez au vinaigre balsamique.

ANGUILLE FUMÉE AUX SARMENTS DE VIGNE

Salez le filet d'anguille avec le gros sel, laissez reposer 5 min, puis rincez. Épongez avec du papier absorbant. Dans le bas d'un petit couscoussier, déposez les sarments de vigne et brûlez-les. Déposez l'anguille dans le panier, que vous poserez sur les sarments. Faites fumer l'anguille pendant 3 min.
Quadrillez le filet d'anguille et taillez-le en morceaux. Farinez-les, puis tapotez pour enlever l'excédent. Dans une grande poêle, faites chauffer de l'huile de pépins de raisin. Ajoutez le beurre, et dès qu'il mousse, ajoutez les morceaux d'anguille. Arrosez-les généreusement pendant leur cuisson, environ 3-4 min. Réservez.

PAVÉS DE SANDRE

Salez et poivrez les pavés de sandre, puis enfournez au four vapeur à 65 °C. Sortez les pavés du four lorsqu'ils atteignent 41 °C à cœur. Faites-les ensuite colorer côté peau dans une poêle, avec le beurre clarifié.

Dressage

Avant de servir, ajoutez une noix de beurre et de la poudre de genièvre à la soupe de pomme de terre. Disposez 2 mini-poireaux et 3 gnocchis sur chaque assiette. Ajoutez 2 morceaux d'anguille fumée et un pavé de sandre. Ajoutez des petits points de raisiné et de la poudre de genièvre. Servez la soupe de pomme de terre dans un verre.

Matthias Marc

LA TRUITE FUMÉE

du Jura

Il faudrait peut-être reconnaître la truite comme l'or arc-en-ciel du Jura. Un monde superbe de reliefs, de vallées, de forêts, de ciel plein et de toutes ces eaux qui battent, ici, comme des veines. Des lacs parfois mais toujours des sources, des ruisseaux, des rivières, un pays d'étangs, un petit paradis d'eau douce où sa majesté la truite s'est fait un refuge. La truite, rare désormais à onduler dans le sauvage mais, depuis les années 1960-1970, élevée au maillage de fermes aquacoles. Les bassins d'eau froide, bien oxygénée, de belle amplitude pour assurer une croissance heureuse se complètent de nourritures encadrées, équilibrées, offrant les garanties pour que l'alevin s'épanouisse.

EN FRITURE OU AUX AGRUMES

Élevée dans les règles, la truite se révèle alors des plus vertueuses, riche en protéines, faible en lipides ; une bonne fille de diététique à la chair ferme et véloce, blanche ou plus souvent saumonée et, pour autant, bien moins grasse que celle du saumon. Stéphane Turillon les compose en friture, aux agrumes, en papillote, aux herbes, aux amandes, en meurette, au vin jaune ou au bleu, cuite à basse température avec un vinaigre doux alsacien. Natif d'un village voisin, formé aux hauts fourneaux culinaires et aujourd'hui révélation de la jeune scène parisienne, Matthias Marc aime à puiser au garde-manger de l'enfance. En témoigne sa recette autour de la truite fumée, devenue un incontournable du locavorisme jurassien.

LE CHEF EN PARLE

Je suis un enfant du Jura, et, comme beaucoup de gamins de ce petit pays, la truite que je préfère est celle de mon enfance. Dans mon village, il y a carrément un ruisseau traversant et serpentant jusqu'au Doubs, qui regorge de truites. C'est là, à Appenans, que se trouve la pisciculture Chauvey, une petite entreprise qui travaille en direct et avec quelques épiceries fines. Une maison familiale qui descend de six générations d'exploitants forestiers. Il n'y a donc rien d'innocent à ce que j'apprécie particulièrement leur truite fumée. Ce produit, c'est un peu la rencontre de l'eau et du bois. Le fumage se fait patiemment, précautionneusement, avec ce bois de hêtre si précieux dans nos vallées.

Dialogue entre la rivière et la forêt

Lorsque je la cuisine, je veille à ne surtout pas la dénaturer. Sa chair est assez fragile et sa saveur beaucoup plus délicate qu'on ne l'imagine. On est dans la rusticité mais avec de belles subtilités dans les notes. Pour préserver ces sensations, je préfère jouer la nuance et donc soigner la garniture sans trop compliquer les choses. J'aime beaucoup ajouter une crème crue pour son acidité lactique, mais également des herbes sauvages ; leur côté végétal vient casser le tempérament du fumage. J'essaie toujours de retranscrire, en cuisine, ce dialogue entre la truite et son environnement, entre la rivière et la forêt. J'ai constamment en tête la nature lorsque je la travaille. Elle vient de là et doit y retourner, une fois dans l'assiette. Dernier petit conseil : le secret, du moins l'essentiel, est de ne surtout pas cuire la truite fumée, afin de garder toute l'intégrité du produit, sa finesse comme son équilibre.

Matthias Marc

RILLETTE DE TRUITE FUMÉE

asperges vertes et condiment ail des ours

POUR 4 PERSONNES

PRÉPARATION : 20 MIN
CUISSON : 10 MIN

- 250 g de truite fumée
- 4 œufs
- 500 g d'asperges vertes
- 100 g d'ail des ours
- 20 g d'huile d'olive
- 20 g de vinaigre de vin
- 100 g de chapelure
- 10 g de charbon végétal
- 125 g de mascarpone
- 100 g d'huile d'arachide
- Sel
- Poivre

Mettez à cuire 3 œufs dans une eau bouillante pendant 6 min, puis faites-les refroidir de manière qu'ils soient mollets. Écussonnez (retirez les petites feuilles rigides le long de la tige) puis mettez à cuire les asperges à l'anglaise pendant 3 min. Réservez les têtes et taillez les queues en rondelles. Pour préparer le condiment, mixez les œufs mollets avec l'ail des ours, l'huile d'olive et le vinaigre de vin. Mélangez la chapelure et le charbon végétal. Trempez les têtes d'asperges dans un blanc d'œuf puis dans la panure. Taillez finement la truite fumée, puis mélangez-la au mascarpone et assaisonnez-la avec du sel et du poivre. Faites frire les têtes d'asperges 1 min dans l'huile d'arachide à 180 °C.

Dressage

Disposez la rillette de truite et mascarpone dans le fond de l'assiette et recouvrez de condiment ail des ours, puis des rondelles de queue d'asperge assaisonnées d'un peu d'huile d'olive et de sel. Ajoutez des herbes aromatiques acides comme de l'oxalis ou de l'oseille sauvage. Servez à côté les têtes frites avec un peu de condiment ail des ours.

Georges Blanc

LA VOLAILLE

de Bresse

Fruit d'une tradition agricole ancestrale qui remonte au XVIe siècle, je vis dans les prairies d'herbe grasse où je prends mes aises avec pas moins de 15 m² d'espace habitable. Je me nourris de blé, de maïs, de produits laitiers, exclusivement issus de l'agriculture de ma région, mais aussi de vers de terre et de mollusques. Mon plumage est blanc, mes pattes bleues, ma crête et mes mandibules rouges, comme le drapeau tricolore. Ma chair est savoureuse ; on me déguste rôtie, à la crème, au vin jaune… Qui suis-je ? La Gauloise blanche de Bresse, plus connue sous le nom de volaille de Bresse. Le poulet le plus racé de l'Hexagone est le seul du genre à avoir obtenu l'Appellation d'origine contrôlée en 1957 après un long combat des éleveurs auprès de l'Assemblée nationale. Au sein de cette Appellation, le poulet, incontournable plat dominical, du haut de son 1,3 kg en moyenne, règne en maître absolu, avec sa chair ferme et savoureuse. Dans son sillage, la poularde lui emboîte le pas, élevée durant cinq mois et dodue à souhait. Le chapon, quant à lui, s'impose comme la star des tables de fêtes de fin d'année, avec ses 3 kg résultant de huit semaines d'engraissement. Chaque année, les restaurateurs se retrouvent peu avant Noël à l'occasion des Quatre Glorieuses, un concours de présentation des plus belles bêtes disputé depuis 1862 à Montrevel-en-Bresse, Loulans-Verchamp, Pont-de-Vaux et Bourg-en-Bresse. « C'est une véritable fête qui attire des curieux venus de toute la France, de pays voisins comme la Suisse et de grands cuisiniers, raconte Georges Blanc. Ces derniers préparent un immense pot-au-feu de volaille que nous dégustons pendant la délibération du jury. »

LE CHEF EN PARLE

Quand j'étais petit, ma chambre donnait juste au-dessus des cuisines de l'auberge familiale. La bonne odeur du poulet rissolé dans le beurre noisette montait jusqu'à moi. Ma grand-mère, surnommée la Mère Blanc, a fait décoller le restaurant, qui a obtenu la première étoile au Guide Michelin en 1929, puis la seconde en 1931. Pour ma part, j'ai décroché le troisième macaron en 1981, il y a presque 40 ans, et je ne l'ai jamais perdu. Nous fêterons l'année prochaine les 150 ans de la maison, la plus vieille à avoir été sacrée par le Guide Rouge sans discontinuité - 91 ans. Comme tous les produits de qualité, l'avantage de la volaille de Bresse est qu'elle ne demande pas de préparation sophistiquée pour être bonne. Un poulet rôti, tout simplement, c'est délicieux. Personnellement, le morceau que je préfère est la cuisse, bien charnue, alors que dans la poularde, ma préférence va plutôt au suprême, plus intéressant. À Vonnas, c'est la spécialité de la maison depuis sa création en 1902, mais aujourd'hui, je la décline de différentes manières. À la crème ou au vin jaune, à l'Ancienne Auberge ; avec une sauce au foie gras, au restaurant triplement étoilé… Pour ma part, je conseille de ne pas cuisiner le poulet tout du long au four car le blanc sera sec si on souhaite que les cuisses soient bien cuites. Je lève donc ces dernières avant la fin et je les termine en fricassée. Il faut savoir que pour un poulet de 2 kilos, à 180 degrés, un suprême est cuit en vingt minutes seulement. Le dimanche, j'ai gardé la tradition du poulet. Je le mange en cuisine avec les équipes de l'Ancienne Auberge, rôti ou à la crème, avec du riz ou des crêpes vonnassiennes.

POULARDE
DE BRESSE
Savourez l'excellence
La seule à bénéficier d'une
Appellation d'Origine Contrôlée
FRANCE
01.266.01
CEE
POULARDE
DE BRESSE
BRESSE

Georges Blanc

POULET DE BRESSE

à la crème

POUR 4 PERSONNES

PRÉPARATION : 45 MIN
CUISSON : 30 MIN

- 1 poulet de Bresse de 2 kg environ coupé en morceaux
- 2 gros oignons
- 10 champignons de Paris
- 1 tête d'ail
- 100 g de beurre
- 1 c. à s. de farine
- 20 cl de vin blanc sec
- 1 l de crème liquide
- Quelques morilles (facultatif)
- Huile d'arachide
- Sel
- Poivre

Pelez et coupez les oignons en huit. Retirez le bout terreux et lavez les champignons de Paris, séchez-les et coupez-les en quartiers. Coupez la tête d'ail en deux. Mettez le beurre à chauffer dans une large sauteuse sur le vif, déposez-y les morceaux de poulet et les cuisses coupées en deux, salez et poivrez-les, puis faites-les dorer côté peau. Ajoutez les oignons, les champignons et l'ail. Singez (poudrez de farine), puis déglacez avec le vin blanc et laissez réduire tout en grattant pour détacher les sucs caramélisés. Ajoutez la crème fraîche. Laissez mijoter de 25 à 30 min. Mettez à cuire les ailes (sur le coffre) au four pendant 20 min à 180 °C (th. 6) en les assaisonnant de sel, poivre, beurre et huile d'arachide. Une fois le coffre rôti, levez les ailes et ajoutez-les avec les cuisses dans la crème une fois cuites. Disposez les morceaux de poulet dans un plat de service creux chauffé au préalable et gardez-les au chaud sous une feuille de papier d'aluminium. Passez la sauce dans une passoire fine au-dessus d'une casserole, rectifiez l'assaisonnement et portez à ébullition.

Finition et dressage

Nappez les morceaux de poulet de sauce nature avec, si l'heure est à la fête, quelques morilles étuvées au beurre. Accompagnez-les de crêpes vonnassiennes ou de riz pilaf.

STAUB

SUD-EST ET CORSE

Arnaud Faye

L'ARTICHAUT VIOLET

de Provence

Reconnaissable surtout à cette intense couleur violette qui transforme l'assiette en kaléidoscope, on le dit originaire d'Égypte. D'abord consommé sauvage comme un chardon, il fut amélioré par les Grecs et les Romains qui l'estimaient aphrodisiaque. Il devint enfin un légume domestiqué dans le monde arabe, par les Andalous d'Espagne puis par l'Italie de la Renaissance.

LES PIEDS DANS L'EAU, LA TÊTE AU SOLEIL

D'une élégante rusticité, l'artichaut violet n'en est pas moins d'une grande exigence climatique. C'est un Méditerranéen pure souche, se plaisant en sol prodigue à conserver l'humidité. Les maraîchers de la région lui ont d'ailleurs offert une devise en forme de recommandation : « Il faut qu'il ait les pieds dans l'eau et la tête au soleil. » On le cultive en pied, parfois en semis, avant de le récolter d'avril à juin. Idoine à votre estomac surtout si vous mangez les feuilles où réside le principe actif, il est également riche en sodium, potassium et vitamines B1, B2, PP. Il contient en outre de l'inuline, sucre assimilable par les diabétiques, que l'on révèle en décoction et même en vin d'artichaut. La suite en cuisine, où le Sud ne s'est pas privé de l'inscrire à son patrimoine : cru avec pain et beurre, en carpaccio ou cuit, sauté à la poêle, en gratin, en fricassée, en risotto avec quelques dés de poivron, en poivrade revenu avec des échalotes, voire en tarte avec de l'estragon. Sans oublier cette barigoule devenue un monument de recette paysanne, mijotée dans un biotope provençal avec les artichauts en sauteuse, à feu doux, avec oignons et carottes émincés, tomates épépinées et détaillées, lard fumé coupé en petits carrés, le tout arrosé de vin blanc sec et d'eau claire.

LE CHEF EN PARLE

Quand j'étais enfant, l'artichaut était mal aimé, ou peut-être qu'alors je ne l'appréciais guère. Cuit en Cocotte-Minute, souvent plus bouilli qu'al dente, servi avec une vinaigrette violente, il souffrait d'un goût dénaturé. C'est bien plus tard que j'ai appris à l'aimer et si, de la réconciliation à la révélation il n'y a qu'un plat, je dirais que ce fut pour moi, alors jeune cuisinier, la soupe d'artichaut à la truffe noire de Guy Savoy. Il y avait là un éloge de la terre, une émotion rustique. Enfin, l'artichaut sortait de sa fichue Cocotte-Minute et le talent d'un grand chef arrivait à en exprimer la sensibilité. Aujourd'hui, j'aime beaucoup les métamorphoses de l'artichaut et le travailler dans toutes ses variétés : épineux, de Macau et, bien sûr, ces petits violets que j'ai vraiment découverts dans la vérité de leurs terres, en arrivant sur la Côte d'Azur. L'artichaut est à son aise aussi bien cru que cuit, bienveillant à s'accorder avec les agrumes, les herbes aromatiques, sociable dans le menu puisque parfait servi en entrée, étonnant en plat unique et plein de ressources à accompagner une viande ou un poisson. Je ne déteste pas, chez lui, son ambivalence car il est aussi abordable financièrement qu'assez technique à préparer. Du côté de ce Sud où j'officie, à Èze, c'est cru et en salade qu'on le préfère. L'artichaut livre alors ce réel plaisir de la croque.

Arnaud Faye

ARTICHAUT À CRU

sauce à l'anchois aux câpres

POUR 4 PERSONNES

PRÉPARATION : 15 MIN

- 12 artichauts épineux ou petit violet
- 2 jaunes d'œufs durs
- 4 filets d'anchois à l'huile
- 1 gousse d'ail frais
- 1 c. à c. de moutarde
- 3 c. à s. d'huile d'olive
- 1 citron jaune
- 15 g de câpres au vinaigre
- Piment d'Espelette
- 15 g de noisettes du Piémont
- Fleurs de thym, fleurs de sauge ou romarin
- Sel
- Poivre

SAUCE À L'ANCHOIS ET AUX CÂPRES

Dans un mortier ou un petit mixeur, travaillez les deux jaunes d'œufs durs avec les anchois, l'ail frais et la moutarde. Une fois la préparation lisse, émulsionnez à l'huile d'olive comme une mayonnaise. Ajoutez le jus de citron et les câpres préalablement hachées finement.

ARTICHAUTS

Tournez les artichauts. Émincez-les finement à l'aide d'une mandoline ou d'un couteau pour obtenir 1 mm d'épaisseur. Assaisonnez-les d'huile d'olive, de quelques gouttes de jus de citron. Salez, poivrez, et ajoutez un peu de piment d'Espelette. Laissez mariner quelques minutes.

Dressage

Au fond d'une assiette légèrement creuse, disposez une belle cuillerée de sauce à l'anchois. Recouvrez harmonieusement de carpaccio d'artichauts. Ajoutez sur le dessus les noisettes concassées, les fleurs de thym et de sauge. Parsemez de quelques gouttes d'huile d'olive.

Mikaela Liaroutsos

L'AUBERGINE

des Bouches-du-Rhône

Ratatouille, tian, parmigiana, caponata, moussaka, caviar d'aubergine, baba ghanoush… Au même titre que la tomate, la courgette ou le poivron, l'aubergine est l'un des végétaux emblématiques du bassin méditerranéen. Et pourtant, ce légume-fruit est né dans la région indo-birmane, il y a près de trois mille ans. Il n'avait au départ qu'une valeur ornementale car on le soupçonnait d'être toxique et de véhiculer la lèpre et d'autres maladies. Bien moins amère et plus charnue qu'à ses origines, l'aubergine est désormais noire, violette, zébrée, blanche, oblongue, ovoïde… Cultivée en pleine terre, elle se récolte entre juin et septembre, avec comme principale vertu nutritionnelle sa richesse en fibres mais aussi en vitamines (B1, B6 et B9) et en minéraux (calcium, potassium, sélénium, manganèse). Elle se déguste essentiellement cuite (crue, elle peut se révéler toxique) et aime conserver sa peau.

LE RICHE TERROIR DES ALPILLES

Toujours très populaire en Asie, de l'Inde à la Chine, en passant par la Corée et le Japon, elle conquiert le marché européen principalement par l'Italie et l'Espagne. La France ne se classe qu'en sixième position, pour un tiers dans la région Provence-Alpes-Côte d'Azur. Frédéric Ayme, exploitant à Tarascon, réserve 5000 m^2 à ses aubergines noires et zébrées, sans aucun traitement, sous serres non chauffées. « C'est une culture qui demande de la main-d'œuvre et du travail : il faut les palisser, les éclaircir… Je ne les replante jamais au même endroit, veille à leur laisser beaucoup de lumière et d'aération. Nous sommes situés au pied des Alpilles, un terroir très riche grâce à son sol légèrement sablonneux, doté de cailloux qui drainent l'eau. » L'agriculteur conseille de les choisir bien noires, lisses, brillantes et fermes, et de les conserver sous un chiffon humide afin d'éviter qu'elles ne sèchent, loin du plastique étouffant des conditionnements de la grande distribution.

LA CHEFFE EN PARLE

C'est en France que j'ai grandi, mais j'ai passé de nombreuses vacances en Grèce et vécu quelque temps à Athènes. L'aubergine est un produit que l'on y mange énormément. J'aime son côté charnu, presque carné, son goût sucré et sa texture fondante. Elle est excellente fumée, en salade, en gratin, en ragoût, en caviar, en tian… Rôtie au four avec du sésame et de la feta, c'est l'accompagnement idéal d'une épaule d'agneau. Elle fonctionne aussi avec les viandes blanches ou le poisson ; on peut utiliser sa pulpe pour préparer un condiment avec des aromates, de l'ail et du vinaigre. Elle est bonne simplement rôtie dans un four bien chaud, avec un filet d'huile d'olive et un mélange d'épices. L'origan, le thym, la sarriette ou le laurier sont ses fidèles compagnons, mais aussi le cumin, la cannelle ou encore le cerfeuil, le persil plat, la coriandre et le zeste de citron. C'est l'ingrédient star de la moussaka, le plat grec par excellence, qui plaît à toutes les générations. Je cuisine ce plat avec plaisir et à ma façon : en snackant d'abord les aubergines pour rehausser leur goût, en mettant beaucoup de légumes dans la viande, en faisant une béchamel très onctueuse avec une touche de fromage fumé ou encore en remplaçant le poivre par du piment fumé. Une aubergine de qualité n'est pas gorgée d'eau : elle a une belle tenue, ne réduit pas trop à la cuisson et ne demande pas d'ajouter trop d'huile.

Mikaela Liaroutsos

MOUSSAKA

POUR 6 PERSONNES

PRÉPARATION : 20 MIN
CUISSON : 2 H 15

- 5 belles aubergines
- 500 g de viande de bœuf hachée (peu grasse)
- Huile d'olive
- 1 carotte
- 1 gros oignon
- 1 branche de céleri vert
- 1 gousse d'ail
- 1 branche de thym
- 1 branche d'origan sec
- 1 feuille de laurier
- 1 c. à s. de concentré de tomates
- 2 belles tomates
- 100 g de beurre
- 100 g de farine
- ½ l de lait
- 100 g de metsovone, fromage fumé du nord de la Grèce (ou scamorza, fromage de brebis fumé...)
- Sel
- Poivre

Coupez les aubergines en deux dans la longueur, puis taillez des tranches d'environ 1,5 cm d'épaisseur. Snackez les aubergines dans une poêle avec de l'huile chaude, jusqu'à ce qu'elles soient dorées. Réservez. Dans une casserole avec de l'huile d'olive, faites revenir la viande hachée, les carottes, l'oignon, le céleri, l'ail et les aromatiques (thym, origan, laurier). Rajoutez le concentré de tomates et les deux tomates coupées en dés. Laissez mijoter une bonne heure à feu doux tout en surveillant la cuisson. Dans un plat à gratin, disposez une première couche d'aubergines, assaisonnez avec un peu de sel. Ajoutez une couche de viande mijotée assaisonnée. Remettez une couche d'aubergines puis terminez par une couche de viande hachée. Préparez la béchamel : faites fondre le beurre, ajoutez la farine, mélangez puis versez le lait petit à petit jusqu'à ce que le mélange épaississe mais reste onctueux. Ajoutez le fromage fumé râpé et assaisonnez de sel. Versez la béchamel sur la dernière couche de viande hachée. Enfournez dans un four préchauffé à 180 °C (th. 6) pendant 1 h, et laissez gratiner la béchamel. Dégustez.

STAUB

Nicolas Stromboni

LE BROCCIU FUMÉ

de Sartène

Le brocciu est rare. De 120 litres de lait de brebis, on en tire 12 kg seulement, car il passe après les fromages solides qui se conservent mieux et pompent presque toute la crème de la matière première. Ce caviar blanc est un produit de « recuite » : il est issu du petit-lait réchauffé. Par-dessus le marché, il est saisonnier : on ne le fabrique que d'octobre à juin, avec du petit-lait de brebis ou de chèvre, parfois un mélange des deux.

LE TRÉSOR DE L'OGRE

Cette rareté fait son prix, dans tous les sens du terme. Pourtant, le brocciu, qu'il soit frais ou *passu*, c'est-à-dire salé et affiné, entre dans une multitude de recettes corses. Citons, entre mille, l'omelette au brocciu, les blettes au brocciu, les beignets de brocciu, la soupe au brocciu, les cannelloni au brocciu ainsi que les fameuses courgettes « à la sartenaise », avec viandes et brocciu fumé. On fourre aussi sardines ou merles de farces au brocciu classique. En pâtisserie, il constitue l'esprit des fiadone, migliacci, et autres falculelle. Il se savoure également en tourte. Chaque vallée a la sienne, élaborée à partir d'une base commune (fromage, sucre, œufs, eau-de-vie). D'après la légende, mais la Corse est la seule contrée où les légendes sont généralement en deçà de la réalité, un ogre, plus sanguinaire que les ogres du continent, conservait par-devers lui la recette du brocciu. Des bergers corses, mille fois plus intrépides que les bergers du continent, lui firent, pour qu'il leur livre son secret, une proposition qu'il ne pouvait pas refuser, mais il la refusa quand même : l'ogre fut taillé en pièces.

LE CHEF EN PARLE

Mes grands-parents étaient bergers à Sartène : le brocciu, c'est ma madeleine à moi. Si je ne devais emporter au bout du monde qu'un produit corse, ce serait celui-là. Le brocciu, obtenu par une « recuite » du petit-lait de chèvre ou de brebis après la confection du fromage « dur », est, à l'origine, un produit de pauvres, qu'ils gardaient pour leur consommation familiale. On n'en aurait jamais trouvé sur les tables bourgeoises. C'est l'une des bases de la cuisine corse ; il s'utilise sucré ou salé. Il est peu gras, même si on ajoute un peu de lait cru dans le petit-lait pour qu'il se forme quand la température adéquate est obtenue. Aujourd'hui, le brocciu authentique est rare et extrêmement recherché, par les grands chefs en particulier. Le brocciu, pour moi, c'est avant tout une texture unique. On dit qu'on le « cueille » quand il remonte à la surface du récipient : on dirait des flocons de coton. C'est pourquoi il ne faut pas le mixer, mais l'écraser à la fourchette ou le couper au couteau. Le brocciu de brebis est plus foisonné, plus aérien, délié, son goût est plus « facile » : je le recommande aux non initiés. Celui de chèvre est plus gras, plus onctueux, avec en bouche une légère touche de suint.
À Sartène uniquement, en Corse du Sud, on produit un brocciu fumé au bois de lentisque, qui a des vertus antiseptiques. C'est un produit de plus en plus difficile à trouver. Une fois « cueilli », il est mis en faisselle.
Au bout de trois jours, on le fume un peu quotidiennement, pendant trois semaines environ. On trouve alors les quatre saveurs – salé, acide, amer, sucré – plus l'umami japonais ! La tomme sartenaise est en passe d'obtenir une AOP : ce sera, en France, une première pour un fromage fumé.

Nicolas Stromboni

COURGETTES FARCIES À LA SARTENAISE

d'après une recette d'Annie Stromboni

POUR 6 PERSONNES

PRÉPARATION : 20 MIN
CUISSON : 30 MIN
REPOS : 30 MIN

- 9 courgettes d'un vert bien clair
- 1 morceau de brocciu passu fumé de 300 g (ou de ricotta fumée)
- 2 tranches de vuletta (joue de porc) d'environ 100 g chacune (ou de pancetta)
- 2 têtes d'ail
- 2 branches de persil
- De la mie de pain trempée dans du lait
- 2 œufs
- 300 g de veau
- Quelques feuilles de sauge sèche
- Chapelure
- Sel
- Poivre noir

Coupez les courgettes dans le sens de la longueur et faites-les cuire 3 min dans un autocuiseur. En fin de cuisson, déposez-les sur un linge sec, chair vers le bas et laissez refroidir. Taillez le brocciu et la vuletta en brunoise. Hachez l'ail et le persil. Incorporez la mie de pain et les œufs, mélangez pour obtenir une belle farce. Faites sauter le veau sans matière grasse 3 min, ajoutez du sel, du poivre et la sauge ; réservez. À l'aide d'une cuillère à café, enlevez la chair de courgette et faites-la dégorger un instant dans une passoire. Réservez. Passez au hachoir la chair de courgette, un tiers de la farce et le veau, incorporez l'ensemble à la farce restante, salez et poivrez, mélangez bien. Laissez reposer 30 min au frais. Farcissez les courgettes jusqu'à ce qu'elles soient bombées, saupoudrez de chapelure et faites cuire à 180 °C (th. 6) pendant 20 min. Terminez sous le gril 5 min.

LE MOT DU CHEF

Les courgettes peuvent s'accompagner d'une concassée de tomates riche en oignons confits. Ma mère les préparait de la sorte. Autre idée, plus calorique : dans une poêle chaude légèrement huilée, saupoudrez de sucre et faites caraméliser et croustiller la courgette. Le légume sera croquant, un peu confit, et l'ensemble sera un pendant idéal au moelleux de la farce fumée et piquante. Le brocciu fumé est la clef de cette recette. Avant de la préparer, commandez un fromage fumé à votre fromager. Pour ma part, je conserve mon brocciu fumé au congélateur.

Amélie Darvas

LA CAPUCINE

de l'Hérault

Avant de penser à la manger, en France, on l'a beaucoup chantée. Souvenez-vous de cette comptine, sur l'air de *La Carmagnole* : Dansons la capucine. Elle raconte l'histoire d'une famille qui n'a ni pain, ni vin, ni feu, alors que chez la voisine, paraît-il, c'est Byzance. Tout l'intérêt de la chanson réside dans le dernier couplet, malheureusement oublié : « Dansons la capucine/Y'a du plaisir chez nous/On pleure chez la voisine/On rit toujours chez nous ! » La capucine est une plante joyeuse, couronnée le plus souvent de pétales orange vif, dont le nom seul sonne comme une invitation à gambader. Fleur de courgette mise à part, le pétale est peu présent dans la cuisine traditionnelle. Il y a de cela quelques années, après que le visionnaire Michel Bras eut sidéré le monde avec son « gargouillou » végétal, les fleurs débarquèrent dans les assiettes. Réputée pour de nombreuses vertus médicinales, la capucine est l'un des rares produits alimentaires connus depuis la nuit des temps auxquels on ne prête aucun pouvoir aphrodisiaque.

MORSURE POIVRÉE

Tant la fleur que la feuille, plus puissante en bouche, se consomment. La capucine se signale par son goût poivré. Emmanuel Renaut réduit les feuilles en pesto, fait des jus avec la fleur et traite les bourgeons à la manière de câpres. Alain Passard a inventé un velouté de capucines et moules de bouchot. Alexandre Gauthier acoquine un ruban de pommes et des lamelles de bar avec les fleurs orangées, ou sublime un œuf de caille et des petits pois croquants de ce poivre végétal. David Toutain réalise une composition maquereau, café, pomme de terre fumée qu'il agrémente, au dernier moment, de feuilles de capucine, corolles vert tendre qui vous invitent à danser en rond autour de l'assiette.

LA CHEFFE EN PARLE

Nous avons la chance d'avoir, à Äponem, nos potagers cultivés en permaculture et des vergers. À peine installées à Vailhan, dans l'Hérault, au printemps 2018, nous avons planté des tas de choses, avant même l'ouverture du restaurant, et les premières récoltes sont arrivées à une vitesse folle. Pourquoi ai-je choisi de vous parler de la capucine ? Tous mes confrères vous parlent de légumes et de fruits, j'ai pris une plante pour me faire remarquer ! On en cultive beaucoup au jardin. La capucine arrive au printemps, mais elle peut durer tout au long de l'été. Il y en a des blanches et des orange – ici, ce sont plutôt des fleurs orange. La capucine a suffisamment de ressource pour être mise en sauce, comme, par exemple, une base de chorizo dans laquelle j'en ajoute au dernier moment, avant d'émulsionner vivement à l'huile d'olive et, hop, j'envoie. Autre recette qui marche très bien : des feuilles de capucine blanchies deux secondes puis glissées, encore croquantes, dans une raviole végétale. Je ne suis jamais allée sur le terrain du dessert avec la capucine, mais je pense qu'avec la fleur on pourrait obtenir quelque chose de très bon en l'associant à de la poire.

Amélie Darvas

RAVIOLES DE CAPUCINE

chèvre frais, livèche

POUR 1 PERSONNE

PRÉPARATION : 20 MIN
CUISSON : 5 S

- 6 belles feuilles de capucine et quelques fleurs
- 50 g de chèvre frais du Mas Rolland
- 1 filet d'huile d'olive
- Fleur de sel
- 1 dizaine de graines de courge toastées
- 1 pied de livèche
- 50 g d'huile de pépins de raisin
- Poivre

Cueillez 6 belles feuilles de capucine. Blanchissez-les 5 s dans une eau légèrement salée. Égouttez-les délicatement à l'aide d'un papier absorbant et étalez chaque feuille sur un papier cuisson ou une planche bien propre. Écrasez du chèvre frais du Mas Rolland dans un petit saladier. Ajoutez-y un filet d'huile d'olive, de la fleur de sel et du poivre. Déposez quelques fleurs de capucine délicatement coupées avec le bout des doigts, ainsi qu'un peu de graines de courges toastées. En parallèle, prenez de la livèche du jardin, et mettez à infuser les pieds de livèche dans de l'eau chaude. Mixez l'eau et le pied de livèche. Filtrez. On doit obtenir une eau claire et équilibrée en livèche. Mettez dans le mixeur de l'huile de pépins de raisin, les feuilles de livèche, mixez cette huile fortement et filtrez-la. Procédez au montage des ravioles de capucines. Disposez un peu de farce de chèvre sur 3 feuilles de capucines et recouvrez avec les 3 autres feuilles. Serrez à l'aide d'un petit emporte-pièce et coupez légèrement les bords.

Dressage

Dressez les ravioles dans une assiette creuse, versez l'eau de livèche et quelques gouttes d'huile de livèche. Dégustez.

Arnaud Donckele

LE CHAPON

de Méditerranée

N'allez pas le confondre avec son homonyme gallinacé, le coq castré, farci de marrons et rôti au four à chaque réveillon. Figure star de la mer Méditerranée, celui que l'on appelle aussi la grande rascasse rouge y impose le respect. Sa nageoire dorsale, cousue d'épines venimeuses, a causé du mal à bien des plongeurs.

CHAIR GOÛTEUSE ET FERME

Avec son visage rouge sang, piqué çà et là de petits lambeaux de peau, son talent est de se fondre dans le décor en changeant légèrement de teinte en fonction de son environnement. Symbole d'une cuisine ensoleillée, le chapon est prisé pour sa chair goûteuse, plutôt ferme et qui résiste bien à la cuisson, d'où son utilisation séculaire dans les plats de bouillabaisse. Chaque Marseillais ou presque l'interprète à sa façon, mais le chapon y trouve toujours sa place. Dans la recette qu'il nous livre, Arnaud Donckele explore l'héritage de ces goûts emblématiques et ancestraux. « Elle est née d'une envie de donner de la profondeur, raconte le chef. » Une belle façon aussi pour le chapon de tenir, pour de vrai, le premier rôle.

LE CHEF EN PARLE

J'ai commencé ma carrière à Paris chez Goumard-Prunier, spécialisé dans le poisson, et dont le chef était catalan. Pendant deux ans, je n'ai fait que ça, avec déjà des accents très sudistes. C'est ce qui m'a donné envie par la suite de travailler encore plus les poissons méditerranéens. J'ai toujours pensé que j'étais un autodidacte de la cuisine provençale. Par une sorte de culpabilité, on fouille encore plus loin, de peur de mal faire ou de ne pas comprendre. J'ai croisé des pêcheurs absolument incroyables, de l'ancienne génération. Ils m'ont permis d'intégrer à ma carte la sériole, l'ombrine, la liche, la grande castagnole, le mérou, que l'on pouvait encore cuisiner à l'époque, les cigales de mer… Des choses que l'on ne trouvait pas encore sur les tables gastronomiques. J'avais envie de travailler ces produits car la plus grande des raretés, c'est ce que l'on a autour de nous. Le chapon, c'est un poisson que je trouve hyper sexy, rock'n'roll. Quand on voit des photos ou des vidéos, on remarque tout de suite que c'est un dominant. Et j'adore sa texture. Chez les volatiles, elle ressemblerait à celle du canard, avec de la mâche. On est quelque part entre la baudroie et la daurade. Et en plus de ce côté mastication, il y a de la puissance. Sans arriver au niveau du rouget, de la lisette, des anchois ou des sardines, c'est l'une des chairs les plus aromatiques en bouche. Elle a beaucoup de caractère. On ne travaille le chapon ni cru ni à la vapeur. Je recommande plutôt un rôtissage ou un pochage, mais dans quelque chose de iodé, pour le piquer légèrement et que le bouillon parfume le tout. Il faut un peu de dextérité pour le lever et faire très attention aux aiguilles, parce que si l'on se pique, ça peut s'infecter. Le plus simple, si l'on n'a pas l'habitude, c'est de demander à son poissonnier de le faire.

Arnaud Donckele

CHAPON JUSTE SAISI ET CROUSTILLANT

céleri des sables, pomme fondante aux condiments iodés, élégance d'une soupe aïgau-sau

POUR 4 PERSONNES

PRÉPARATION : 1 H
CUISSON : 40 MIN

- 1 chapon de 800 g

AÏGAU-SAU
- 500 g de soupe de poisson aux étrilles
- 2 bâtons de citronnelle
- 1 zeste d'orange
- 1 brin de basilic
- Huile de mandarine
- 6 langues d'oursins

GARNITURE
- 4 petites pommes de terre Roseval
- 1 céleri-rave
- 10 cl de bouillon d'aïgau-sau (voir p. 278)
- Safran
- 1 feuille de laurier
- Huile d'olive

TUILE À L'ENCRE DE SEICHE
- 50 g de farine
- 50 g de blanc d'œuf
- 50 g de beurre
- 2 g de sel
- 5 g d'encre de seiche

CONDIMENT IODÉ
- 20 g de pousse-pied émincé
- 10 g de brunoise de céleri branche
- 10 g de salicorne émincée
- 2 langues d'oursins

AÏGAU-SAU

Préparez la soupe aïgau-sau. Faites infuser la soupe de poisson avec la citronnelle, l'orange et le basilic pendant 5 min. Passez au chinois étamine, puis montez à l'huile de mandarine avec les langues d'oursins. Écaillez, videz et levez le chapon. Retirez la peau des filets et portionnez à 120 g.

GARNITURE

Épluchez les pommes de terre et taillez-les avec un cercle de 30 mm et 1,5 cm de haut. Épluchez le céleri-rave et faites des billes avec une cuillère à pomme parisienne. Faites cuire les pommes de terre et les billes de céleri dans un bouillon d'aïgau-sau safrané pendant 15 min. Préparez le condiment. Mélangez les ingrédients et assaisonnez d'un trait d'huile d'olive. Réservez.

TUILE À L'ENCRE DE SEICHE

Mélangez la farine et le blanc d'œuf, puis incorporez le beurre fondu, le sel et l'encre de seiche. Étalez l'appareil sur une toile de cuisson et faites précuire à 160 °C (th. 6) pendant 4 min. Terminez la cuisson en gouttière une dizaine de minutes, pour donner une forme convexe. À défaut, utilisez un emporte-pièce.

CONDIMENT IODÉ

Mélangez tous les ingrédients. Réservez.

Finition et dressage

Faites rôtir les filets de chapon dans un beurre au safran et laurier pendant 5 min. Laissez reposer 5 min. Glacez rapidement les billes de céleri dans la sauce. Dressez en disposant les tuiles sur les filets de poissons escortés des billes de céleri et des pommes de terre surmontées du tartare iodé. Servez à part le bouillon d'aïgau-sau très chaud.

Julia Sedefdjian

LE CITRON
de Menton

Qu'il s'agisse de faire resplendir une sauce, de sauver du disgracieux noircissement la chair opalescente d'un légume ou d'un fruit, ou de relever un bouillon trop fade, le citron de Menton est l'irremplaçable compagnon de tout maître queux qui se respecte. Ajoutons que, comme le rappelle le *Larousse de la gastronomie*, le citron est « peu calorique, antiseptique et fortifiant ». C'est la vivacité de cet agrume qui le rend si précieux. Le citron fait au palais, quand il s'introduit dans une recette, ce que Lucchini fait à l'esprit quand il s'empare des grands classiques de la littérature : il stimule, empêche de paresser.

DES RÉCOLTES DE COCAGNE

Selon la légende pieusement entretenue en Bresse orientale, les derniers mots d'Elisa, alias la Mère Blanc, étoilée dès 1929 par le Guide Michelin et aïeule de Georges Blanc, furent : « N'oubliez jamais le citron. » Le citron a son empereur. Il pousse à Menton, à un jet de pépin de l'Italie, et une Indication géographique protégée (IGP) lui tient lieu de couronne. Les citronniers de Menton sont plus généreux que ceux qui fleurissent ailleurs, et permettent des récoltes de cocagne pendant presque toute une année. Introduit en France au XIIe siècle, le citron conquiert Menton au XVe siècle. Sous le Second Empire, la cité méridionale produit annuellement la bagatelle de 3 millions de quintaux d'agrumes. Les guerres mondiales puis, en 1956, un terrible coup de gel portent un coup qui aurait pu être fatal à cette activité. Mais le citron de Menton renaît de ses cendres glacées, et la ville le célèbre chaque début d'année à l'occasion d'un carnaval dédié à Sa Majesté jaune, roi soleil de la gastronomie.

LA CHEFFE EN PARLE

Je suis née à Nice. Là-bas, le citron est omniprésent. Il y a toujours eu des citronniers chez mes parents, sur le balcon, et ils donnent énormément. Le citron de Menton est particulièrement intéressant. On en trouve toute l'année - on l'appelle « le quatre-saisons » car il arrive qu'il y ait sur le même arbre des fleurs et des fruits déjà formés qui peuvent rester très longtemps sans se décrocher. Il a une peau très épaisse, parfaite pour les zestes, très peu de pépins, il est moins sucré que les autres et développe un parfum floral incomparable. Quand je vais à Nice, j'en rapporte toujours une caisse. J'utilise tout le fruit : je congèle le jus, j'en sors des blocs de un litre dès que j'en ai besoin. Le citron, pour moi, n'est pas réservé aux desserts. Je me souviens des sardines farcies aux blettes et citron confit de mon enfance, comme des zestes râpés sur les bugnes, au goûter. Je fabrique énormément de citrons confits, aussi bien au sucre qu'au sel. Par exemple, pour rehausser mon caviar d'aubergine, c'est imparable. Quand j'étais chef aux Fables de la Fontaine, le restaurant où j'ai obtenu ma première étoile, je faisais une tarte au citron sans fenouil, avec un sorbet citron. L'idée d'ajouter du pastis dans le sorbet me trottait dans la tête depuis un moment. Sa finesse et ses arômes floraux correspondaient exactement à ce que je recherchais. Puis j'ai intégré du fenouil dans la tarte pour répondre à l'anis du sorbet. Cette tarte est un peu devenue mon dessert signature.

Julia Sedefdjian

TARTE CITRON FENOUIL

sorbet pastis

POUR 10 PERSONNES

PRÉPARATION : 55 MIN
CUISSON : 2 H 10

PÂTE SABLÉE
- 600 g de beurre
- 400 g de farine
- 180 g de poudre d'amande
- 180 g de sucre glace
- 30 g de graines de fenouil (à mixer)
- 70 g de jaunes d'œufs

CRÈME CITRON
- 500 g de jus de citron de Menton
- 140 g de beurre
- 120 g de jaunes d'œufs
- 225 g de sucre semoule
- 40 g de farine
- 3 feuilles de gélatine
- Le zeste de 1 citron

MERINGUE ITALIENNE
- 300 g de sucre semoule
- 100 g d'eau
- 20 g de glucose
- 150 g de blancs d'œufs

MERINGUE FENOUIL
- 150 g de blancs d'œufs
- 210 g de sucre semoule
- 80 g de sucre glace
- 10 g de fenouil en poudre

PÂTE SABLÉE

Faites un beurre pommade et ajoutez les poudres dans un robot pâtissier avec une feuille. Ajoutez les jaunes d'œufs. Débarrassez en poche. Laissez reposer à température ambiante. Sur une plaque avec un Silpat, placez des emporte-pièces de 10 cm de diamètre. Remplissez-les à moitié avec la poche en escargot. Mettez au four préchauffé à 160 °C (th. 6) pendant 12 min. Sortez et laissez refroidir.

CRÈME CITRON

Faites bouillir le jus de citron et le beurre dans une casserole. Mélangez dans un cul-de-poule farine, jaunes d'œufs et sucre – faites blanchir les jaunes avec le sucre, puis ajoutez la farine. Versez le mélange beurre-citron dans le cul-de-poule, puis remettez en casserole sur le feu et faites cuire comme une crème pâtissière. Mettez les feuilles de gélatine à ramollir dans de l'eau froide, essorez et ajoutez-les au mélange dans la casserole hors du feu, avec les zestes de citron. Débarrassez, et mettez en poche au frais.

MERINGUE ITALIENNE

Mélangez le sucre semoule, l'eau et le glucose dans une casserole et faites cuire à 121 °C. En parallèle, montez les blancs d'œufs au batteur. Dès qu'ils montent légèrement, ajoutez en filet le mélange sucré en continuant de battre, jusqu'à ce que l'ensemble monte. Mettez en poche au frais.

MERINGUE FENOUIL

Montez doucement les blancs d'œufs en neige au batteur avec le fouet. Quand ils moussent doucement, ajoutez 40 g de sucre. Une fois que le mélange est bien mousseux, ajoutez-en 60 g supplémentaires, et une fois qu'il est bien monté, ajoutez-en encore 110 g pour serrer les blancs. À la maryse, hors du batteur, ajoutez le sucre glace et le fenouil. Mettez en poche, pochez sur Silpat et faites cuire les petits dômes à 100 °C (th. 3) pendant 90 min.

CRÈME MASCARPONE

- 500 g de crème liquide (33 % de MG minimum)
- 250 g de mascarpone
- 25 g de sucre glace
- 1 gousse de vanille

CHIPS DE CITRON

- 2 citrons de Menton
- 100 g de sucre glace

SORBET PASTIS

- 8 g de stabilisateur Stab 2 000
- 188 g de sucre semoule
- 375 g d'eau
- 38 g de glucose
- 6 cl de pastis
- 1 l de jus de citron vert

CRÈME MASCARPONE

Mélangez tous les ingrédients dans une cuve de batteur bien froide et faites monter en version fouet. Mettez en poche au frais.

CHIPS DE CITRON

Lavez les citrons, taillez-les à la trancheuse sur 2 mm dans le sens de la rondelle. Posez-les sur le Silpat, saupoudrez de sucre glace, et enfournez à 120 °C (th. 4) pendant deux fois 10 min, en ouvrant la porte entre les deux cuissons pour évacuer l'humidité.

SORBET PASTIS

Mélangez le Stab 2 000 avec le sucre. Préparez un sirop avec l'eau et le glucose, et ajoutez le sucre pour que le mélange épaississe. Une fois le mélange bouilli, retirez-le du feu, ajoutez le pastis et le jus de citron vert. Mettez le tout au congélateur puis utilisez un Pacojet® (ou à défaut, une sorbetière) pour servir à la dernière minute.

Dressage

Disposez le fond de tarte dans une assiette. Ajoutez la meringue italienne, et flambez légèrement au chalumeau. Par-dessus, dressez en alternant pointes de crème citron et crème mascarpone. Ajoutez la quenelle de sorbet, les chips de citron, les meringues au fenouil et décerclez.

Pierre Sang Boyer

LA CÔTE DE BŒUF

du Mézenc

Le Fin Gras du Mézenc, produit exceptionnel de la région du Massif central, doit son nom particulier à deux facteurs : son persillé et sa zone de production. La première partie du patronyme s'explique car cette viande de bœuf est constellée de pointes de gras infiltrées au cœur du muscle, et la seconde, car elle est produite exclusivement dans le massif du Mézenc, une zone de moyenne montagne entre Haute-Loire et Ardèche, à plus de 1 100 mètres d'altitude. Couronnée par une AOP en 2013, la viande est issue de bœufs ou de génisses, respectivement âgés de 30 et 24 mois minimum. Les bêtes sont élevées au foin et à l'herbe sur le terroir du Mézenc et engraissées durant le dernier hiver avec du foin naturel de montagne produit localement. Le Fin Gras du Mézenc est une viande saisonnière : on la consomme de février à juin.

NOURRIS AU FOIN

L'alimentation des animaux répond à un cahier des charges précis. Bernard Bonnefoy, président de l'association Fin Gras du Mézenc, explique : *« C'est une viande qui a un côté végétal car elle s'aromatise avec le foin. Ce foin compte plus de 320 plantes aromatiques et médicinales. Toutes ces plantes donnent un goût particulier à la viande. Les animaux sont 6 mois à l'intérieur et 6 mois à l'extérieur. Pendant les 6 mois dehors, ils se nourrissent de plantes fraîches. Pendant cette période, les éleveurs récoltent le foin dans les prés et le font sécher. L'hiver, les éleveurs donnent ce foin aux bêtes, avec des plantes, comme la cistre, qui est un fenouil sauvage »*.

LE CHEF EN PARLE

Avec mon grand-père maternel, je partais souvent en randonnée, faire du ski, ramasser herbes et fruits sauvages. Au fil du temps, je me suis rendu compte de la richesse de ma région. Le fin gras du Mézenc, j'en ai toujours mangé, bien avant qu'il reçoive l'AOC en 2006. Tout comme j'aime faire reconnaître les petits commerçants de mon quartier, j'essaie de valoriser mon terroir.

Pierre Sang Boyer

CÔTE DE BŒUF DU MÉZENC

sauce Ssamjang, champignons au vinaigre et fils de pomme de terre

POUR 4 PERSONNES

PRÉPARATION : 30 MIN
CUISSON : 1 H
REPOS : 12 H

CHAMPIGNONS AU VINAIGRE

- 12 champignons pieds bleus
- 4 petits champignons neutari
- 15 cl de vinaigre de riz
- 5 cl de vin blanc chenin blanc bio
- 1 échalote
- 1 gousse d'ail
- 2 clous de girofle
- 2 branches de thym
- 2 feuilles de laurier
- Sel
- Poivre

CÔTE DE BŒUF

- 1 côte de bœuf de 1,2 kg
- 1 filet d'huile de tournesol
- 2 gousses d'ail
- 2 branches de thym
- 2 feuilles de laurier
- 20 g de beurre
- Sel
- Poivre

CHAMPIGNONS AU VINAIGRE

Nettoyez et essuyez les champignons. Coupez les pieds. Faites-les blanchir dans de l'eau bouillante salée pendant 2 min. Égouttez-les, puis épongez-les. Mettez-les dans un bol avec tous les autres ingrédients. Couvrez de film alimentaire, puis laissez mariner dans le réfrigérateur pendant au moins 12 h.

CÔTE DE BŒUF

Assaisonnez la viande avec le sel, le poivre, l'ail en tranches et l'huile de tournesol. Posez dessus les feuilles de laurier et les branches de thym. Saisissez la viande dans une poêle avec le beurre.

SAUCE SSAMJANG

Mélangez tous les ingrédients.

PURÉE DE POMMES DE TERRE

Épluchez les pommes de terre, coupez-les en cubes et faites-les cuire dans une casserole d'eau salée. Écrasez-les. Faites fondre le beurre dans le lait et la crème, puis incorporez le mélange aux pommes de terre écrasées.

SAUCE SSAMJANG

- 150 g de dœnjang (pâte de soja fermentée)
- 150 g de gochujang (pâte de piment)
- 1 filet d'huile de sésame
- 1 filet de jus de yuja

PURÉE DE POMME DE TERRE

- 1 kg de pommes de terre Blue Belle
- 20 cl de crème liquide
- 100 g de beurre
- 20 cl de lait
- Sel

FILS DE POMME DE TERRE

- 1 grosse pomme de terre Blue Belle
- Huile de friture
- Sel
- Poivre

FILS DE POMME DE TERRE

Épluchez la pomme de terre et débitez-la en spaghettis (à l'aide d'un spirelli, d'un veggeti ou d'une râpe à légumes). Passez-les à la friteuse à 150 °C pendant quelques minutes en surveillant la coloration. Égouttez, puis salez.

Dressage

Coupez la côte de bœuf en deux dans l'épaisseur et servez-la avec la sauce Ssamjan, la purée de pomme de terre, les champignons au vinaigre et les fils de pommes de terre.

Laurent Petit

LE FENOUIL

des Alpes

Le fenouil est un légume singulier. Sa saveur est sans équivalent : c'est dans l'anisette qu'on croque, sans qu'il soit besoin de glaçons pour parfaire la dégustation. Mais en se concentrant, on découvre aussi un soupçon d'estragon. C'est intensément végétal, avec une mâche folle, un croustillant naturel qui fait travailler les mandibules du gourmand.

ASSOCIATION ÉTOURDISSANTE D'AIL ET D'AMANDE FRAÎCHE

Le fenouil nous est venu d'Italie, grâce à une gourmande florentine, Catherine de Médicis. Par souci de précision, notons que seul le bulbe est considéré comme un légume. Les feuilles et les graines sont utilisées comme des condiments que l'on peut retrouver dans une tisane, dans un vinaigre, dans le pastis... Outre sa fonction d'escorte de choix pour les poissons les plus fins, le fenouil se suffit aussi à lui-même et se savoure cru, nature en salade, ou cuit par tous les moyens qu'il vous plaira d'imaginer. Ses vertus digestives sont, par ailleurs, réputées depuis la nuit des temps. À Annecy-le-Vieux, Laurent Petit puise son inspiration dans la terre de son potager et dans le lac voisin, ce qui donne des assiettes cinglantes, aux saveurs nettes et à la hardiesse peu commune comme une association étourdissante d'ail et d'amande fraîche.

LE CHEF EN PARLE

Gamin, je buvais beaucoup de sirop d'anis. J'aime ce goût qu'on retrouve dans le fenouil. J'ai, en revanche, été dégoûté du pastis après en avoir abusé lors d'une soirée trop arrosée, il y a de cela très longtemps.
Cela fait environ sept ans que nous servons le plat dont je vous propose aujourd'hui une recette un peu simplifiée. J'aime l'idée d'extraire toutes les saveurs d'un légume simple. Au début, j'utilisais le fenouil comme un accompagnement. Et puis un jour, dans le jardin, j'ai croqué une fleur de fenouil : ça a provoqué un déclic, pas seulement pour ce légume, mais pour toute ma cuisine. C'est grâce à ce déclic qu'on a décroché la troisième étoile, ce qui explique mon tatouage, représentant une fleur de fenouil plantée dans les étoiles Michelin. J'ai appris à m'imprégner de l'esprit d'un produit et, après, à lâcher les chevaux. J'ai étudié le fenouil sous toutes ses coutures, comme si je devais écrire une thèse dessus, pour arriver à l'assiette dont la recette ne devrait plus bouger. On le rôtit, on pince les sucs (on les fait légèrement caraméliser au fond de la casserole) comme avec une viande, on fait un pain brioché avec les graines, une opaline...
Chaque été, ce plat revient à la carte et il est plébiscité par nos clients. Nous suggérons de l'accompagner, s'ils le souhaitent, d'un verre de vermouth glacé, ce qui permet de réaliser un bel accord gustatif.
Cette année, on s'est amusé à élaborer également un dessert d'une grande fraîcheur en confectionnant une feuilletine croustillante à base de bulbe confit haché très fin. Elle est servie avec un sorbet à l'estragon et un granité au fenouil.

Laurent Petit

SUC DE FENOUIL

POUR 6 PERSONNES

PRÉPARATION : 25 MIN
CUISSON : 10 H

FENOUIL CONFIT
- 600 g de fenouil bulbe
- 75 g + 75 g de beurre
- 1 gousse d'ail
- 1 g de graines de fenouil
- 20 g d'huile d'olive
- 485 g de jus de fenouil centrifugé
- Sel
- Poivre

PURÉE DE FENOUIL ET SUC
- 500 g de fenouil finement émincé
- Huile d'olive
- 150 g de beurre
- 2 g de graines de fenouil
- 1 anis étoilé
- 400 g de jus de fenouil centrifugé
- 1 goutte de pastis

OPALINE DE FENOUIL
- 125 g de jus de fenouil centrifugé
- 25 g de Maïzena®
- Graines de fenouil
- Fleur de sel

FINITION
- 300 g de mini-fenouil
- Pousses de fenouil bronze
- Fleurs de fenouil

FENOUIL CONFIT

Retirez les premières feuilles du bulbe afin de ne garder que le cœur. Disposez chaque bulbe à la verticale dans une cocotte, puis ajoutez 75 g de beurre, la gousse d'ail, les graines de fenouil, le sel, le poivre et le jus de fenouil centrifugé. Couvrez d'un papier sulfurisé aux dimensions de la cocotte, placez le couvercle et portez à ébullition avant de mettre au four à 160 °C (th. 6) pendant 1 h 30. Piquez de la pointe du couteau pour contrôler la cuisson : le bulbe doit se détacher de la lame. Laissez refroidir dans le jus de cuisson. Coupez les bulbes en deux et faites-les colorer dans un sautoir à l'huile d'olive bien chaude. Ajoutez 75 g de beurre, 1 gousse d'ail, retournez les bulbes et ajoutez progressivement le jus de cuisson tout en arrosant régulièrement de manière à glacer les bulbes.

PURÉE DE FENOUIL ET SUC

Faites suer le fenouil à l'huile d'olive pour faire évaporer l'eau de végétation. Ajoutez le beurre et les épices. Faites suer de nouveau puis déglacez avec le jus de fenouil. Laissez cuire 15 à 20 min. Passez pour séparer la pulpe du jus de cuisson, puis mixez la pulpe au thermomix®. Récupérez le jus de cuisson, passez-le au chinois et laissez réduire jusqu'à consistance. Vérifiez l'assaisonnement. À l'envoi, ajoutez la goutte de pastis dans le jus.

OPALINE DE FENOUIL

Diluez le jus de fenouil et la Maïzena®, puis mettez-les dans une casserole et faites chauffer tout en remuant pour obtenir une pâte. Étalez celle-ci sur une feuille de silicone, parsemez de graines de fenouil et de fleur de sel. Faites sécher au four à 60 °C (th. 2) pendant 8 h.

Finition

À l'aide d'une mandoline, faites des copeaux avec les mini-fenouils. Laissez-les dans l'eau glacée afin qu'ils frisent. Décorez de pousses de fenouil bronze et de fleurs de fenouil du jardin.

Sébastien Sanjou

LA FIGUE
de Solliès

Pour les Varois, la fin août, ce moment teinté de nostalgie où cartables et agendas scolaires fleurissent dans les vitrines, est synonyme du retour sur les étals de la figue de Solliès, tel un lot de consolation pour l'été qui s'achève. Arrivé de Grèce, le figuier s'est d'abord implanté dans la cité phocéenne avant d'être découvert aux abords du Gapeau, la tête au soleil et les pieds dans l'eau. La culture de la figue de Solliès est un secteur porteur, la demande dépassant largement l'offre actuelle. Très présente au Moyen Âge, la figue faisait alors partie de l'alimentation locale, dégustée fraîche durant les trois mois de récolte ou sèche l'hiver venu, évitant des disettes à la population grâce à ses qualités nutritives. Pourtant, le fruit du figuier, l'un des trois arbres représentatifs de la Méditerranée avec la vigne et l'olivier, ne sollicite plus de nos jours le même intérêt que ses deux compatriotes - le vin et l'huile d'olive, au cœur de la vie quotidienne, qui déchaînent les passions de la majorité des Français.

SYMBOLE DE FÉCONDITÉ

L'annaliste Tite-Live prête à la figue, dans son *Histoire romaine*, un rôle non négligeable : les nouveau-nés Romulus et Rémus, légendaires fondateurs de Rome, sont recueillis à l'ombre du figuier Ruminal, symbole de fécondité et de protection, par une louve qui les allaite. Même le fruit défendu n'est en réalité pas une pomme, mais bien une figue, l'arbre apparaissant dès la première page du Nouveau Testament. Selon les directives du pape Jules II, Michel-Ange, sur le plafond de la chapelle Sixtine, peint Adam et Ève au pied d'un figuier, où, lové autour de son tronc, le serpent à tête de femme tend à Ève son fruit gourmand.

LE CHEF EN PARLE

Je me souviens encore du jour où j'ai goûté pour la première fois une figue de Solliès, alors que je rejoignais, à 19 ans, mes parents fraîchement débarqués dans le Var afin de les aider à la mise en place de leur nouvelle affaire. Originaire du Sud-Ouest, si j'avais pu en déguster d'autres variétés, plus « sèches », à la peau plus blanche et épaisse, celle-ci n'était jamais arrivée jusqu'à moi. Elle a selon moi un côté bonbon. Elle est peu sucrée, mais extrêmement juteuse, gourmande et parfumée. D'ailleurs, cette région m'a tant plu que je ne l'ai plus quittée. Nous cherchons avant tout à valoriser le patrimoine varois, dont la figue de Solliès est un produit phare. Dès que la saison débute, je l'incorpore à ma carte et la mets en avant : elle plaît aux clients tout en racontant notre terroir. Je ne suis pas un chef du sucré-salé, mais c'est l'un des rares produits que j'aime travailler de cette façon, aussi bien en entrée qu'en plat principal ou en dessert. Et puis, la figue offre de nombreux jeux de déclinaisons, grâce à sa texture en particulier, ce qui n'est pas le cas de la majorité du sucré. Pour cette recette d'escalopes de foie gras de canard à la figue de Solliès, j'ai tenu à marier mon terroir de cœur, le Sud-Ouest, à mon terroir d'adoption, le Sud-Est. Et, comme chaque fois, j'ai associé deux éléments : la figue cuite, ici pochée dans du vin cuit parfumé aux épices, et la pulpe crue, mélangée à de l'huile d'olive et à du basilic, qui apporte une touche de fraîcheur. Soit un plat gourmand bien qu'assez simple et facile à reproduire.

Sébastien Sanjou

FOIE GRAS DE CANARD

figues violettes de Solliès cuites et crues

POUR 4 PERSONNES

PRÉPARATION : 20 MIN
CUISSON : 50 MIN

- 8 figues violettes de Solliès
- 1 bouteille de vin cuit de Provence
- 1 bâton de cannelle
- 1 pincée de gingembre en poudre
- 1 bâton de citronnelle
- 1 pincée de graines de fenouil
- 10 g de beurre
- Huile d'olive de qualité
- 3 feuilles de basilic ciselées
- 4 escalopes de foie gras frais de canard Robert Dupérier
- Sel
- Poivre

Chauffez le vin cuit, incorporez les aromates – cannelle, gingembre, citronnelle, fenouil – et laissez cuire à feu doux 30 min. Puis, pochez-y délicatement 4 figues pendant 5 min. Laissez refroidir l'ensemble. Retirez les figues, filtrez le vin cuit et faites-le réduire jusqu'à l'obtention d'une texture sirupeuse. Montez avec le beurre et réservez à chaleur très douce. Taillez les 4 autres figues en deux, retirez la pulpe, incorporez un filet d'huile d'olive, le basilic, le sel et le poivre. Quadrillez les escalopes de foie frais, assaisonnez-les de sel et de poivre, poêlez-les à feu vif pour obtenir une belle coloration blonde des deux côtés puis mettez-les au four préchauffé à 220 °C (th. 8) pendant 5 min. Sortez les escalopes et déposez-les sur un papier absorbant.

Dressage

Dressez dans une assiette creuse une figue pochée tiède, l'escalope de foie gras, une quenelle de pulpe de figues et saucez avec le vin cuit.

Christophe Bacquié

LA FLEUR DE COURGETTE

du Var

La fleur de courgette ne se livre qu'avec parcimonie. Pour la trouver, mieux vaut se lever au petit matin des marchés, se mettre dans la poche un maraîcher ou la cultiver soi-même tant sa production relève du sensible. Portée par un légume, elle n'en reste pas moins fleur. Une mignonne azuréenne qui, à peine éclose, à peine cueillie, ne se tiendra pas mieux que deux jours avant de s'étioler. D'avril à octobre, la courgette lâche une floraison opulente. La récolte aime les matins précoces pour que les fleurs soient fraîches et ouvertes ce qu'il faut. Des manières précautionneuses au jardin qui se prolongent dans l'assiette. Si la fleur autorise quelques gestes un peu plus directs lorsqu'on la prépare en beignet, à la corse ou à la niçoise, sa délicatesse commande des traitements du même élan, tendres, sans à-coup. Toujours ôter pistils et étamines pour éviter les notes amères, toilettage à petit filet d'eau, préparation et dressage à touches impressionnistes.

TERROIR INTIME DE LA RIVIERA

La fleur de courgette farcie aime à se tourner vers le Sud. Elle tend vers des reliefs friands, lestés, solaires, portés par les fromages de chèvre, la ricotta italienne, les chairs iodées de Méditerranée, la tendreté d'un agneau, les légumes estivaux, les aromatiques, les herbes, les épices et l'huile d'olive pour éviter le dessèchement. La fleur de courgette, c'est le terroir intime de la Riviera. Ce qui ne lui interdit pas l'inattendu en glissant, surtout vers des pentes sucrées, cristallisée, confite, enveloppée d'une fine pâte à beignets. Quelle que soit la façon dont on l'approche, la fleur de courgette figure cet instant précieux de la gastronomie où, comme rarement, le comestible se partage avec le cosmétique.

LE CHEF EN PARLE

La fleur de courgette, c'est un peu la caresse de la cuisine méditerranéenne. J'aime sa fragilité et sa suavité. Si, par bonheur, vous avez la chance d'avoir un producteur près de chez vous, allez la cueillir dès le matin pour éviter au maximum qu'elle ne se rétracte. À la cuisson, si vous la préparez farcie, la fleur de courgette doit partir quelques minutes au four avant d'être braisée. Vous préserverez ainsi son intégrité comme son esthétique. Ce n'est bien sûr pas un monstre de texture et c'est pour cela qu'on se plaît à la farcir. Toute la volupté tient dans cette petite quête à trouver le juste équilibre entre une farce gourmande et le parfum de la fleur. La farce que je présente ici, je l'ai mise au point en Corse, il y a quelques années. C'est l'une de mes préférées. À l'origine, je la servais pour accompagner un poisson. Un client ami m'a dit qu'il y avait deux plats dans cette assiette. J'ai sauté le poisson et c'est vrai que la fleur de courgette gagne en expression à se retrouver en solo. On peut bien évidemment la travailler en beignet, plus rustique. C'est d'ailleurs ainsi que je l'ai dégustée pour la première fois, petit. Elle peut amuser et colorer une salade à condition de l'effeuiller et de lui offrir en contrepoint des légumes un peu croquants comme des haricots verts. Jolie aussi pour envelopper un poisson ou bien déposée à plat, en motif sur le fond d'une assiette, sur laquelle on viendrait ajuster un homard.

Christophe Bacquié

FLEURS DE COURGETTES

farcies à la daurade

POUR 6 PERSONNES

PRÉPARATION : 50 MIN
CUISSON : 2 H 25

- 6 fleurs de courgettes femelles
- 3 g d'ail haché
- 40 g d'oignon frais ciselé
- 10 g de crème de lard de Colonnata
- 120 g de courgettes émincées
- 1 branche de thym
- 2 g de curry
- 15 g de pastis
- 120 g de chair de loup ou de daurade
- 10 cl de crème liquide
- Sel

CUISSON DES FLEURS

- 50 g d'huile de basilic
- 150 g de fumet de poisson
- 200 g de consommé de langoustine (voir p. 278)
- 500 g de consommé de tourteau (voir p. 278)
- 12 g d'huile d'olive fruitée verte
- 4 g de jus de citron jaune
- 1 g de sumac
- Sel fin rose de l'Himalaya
- Piment d'Espelette

BOUILLON DE FLEURS

- 10 à 15 fleurs de courgettes
- 30 g de beurre

Faites suer l'ail et l'oignon dans la crème de lard. Ajoutez les courgettes émincées, le thym et le curry. Déglacez au pastis. Réservez. Mixez la chair de poisson avec le sel et la crème liquide. Passez au tamis et récupérez la préparation dans un cul de-poule sur un récipient rempli de glace. À l'aide d'une spatule, incorporez le mélange de courgettes émincées et rectifiez l'assaisonnement si nécessaire. Videz les fleurs de courgettes de leur pistil, puis garnissez de 40 g de farce. Rabattez le bout de la fleur pour bien la fermer. Faites blanchir 2 min dans un cuit-vapeur très chaud pour fixer la chlorophylle.

CUISSON DES FLEURS

Répartissez l'huile de basilic sur une plaque et disposez les fleurs bien à plat. Faites chauffer le fumet avec les consommés, ajoutez le reste des ingrédients puis versez le liquide chaud sur les fleurs de courgettes. Filmez et mettez à cuire au four 2 h à 54 °C (th. 1), en arrosant toutes les 15 min.

BOUILLON DE FLEURS

Récupérez le jus de cuisson et versez-le dans un blender. Ajoutez les fleurs de courgettes. Mixez puis montez au beurre avant de réserver.

PURÉE DE COURGETTES
- 400 g de courgettes vertes
- 25 g d'huile d'olive
- 1 gousse d'ail
- 1 branche de thym
- 2 cl de bouillon de volaille (voir p. 276)
- 1 noix de beurre
- Sel
- Piment d'Espelette

COURGETTES EN BEIGNETS
- 10 mini-courgettes vertes
- 100 g de farine
- 45 g de Maïzena®
- 5 g de sel
- 100 g d'eau pétillante
- 5 g de basilic
- 2 l d'huile de pépins de raisin

PURÉE DE COURGETTES

Prélevez la peau des courgettes avec un économe pour obtenir des tagliatelles. Réservez la chair pour une autre utilisation. Faites suer les peaux dans l'huile d'olive avec la gousse d'ail dégermée et la branche de thym. Déglacez avec le bouillon de volaille. Retirez l'ail et le thym, puis mixez à chaud avec la noix de beurre afin d'obtenir une purée bien lisse. Assaisonnez.

COURGETTES EN BEIGNETS

Taillez les mini-courgettes en deux dans le sens de la longueur, puis dessinez un quadrillage à l'aide de la pointe d'un couteau. Salez. Préparez un appareil à beignets en mélangeant farine, Maïzena® et sel. Détendez avec l'eau pétillante et le basilic ciselé. Trempez les courgettes dans la farine, puis dans l'appareil à beignets et faites-les frire à 180 °C dans une friteuse remplie d'huile de pépins de raisin.

Dressage

Disposez un point de purée et la fleur de courgette au centre de l'assiette. Servez le bouillon de fleurs et les courgettes en beignets à part.

Adrien Descouls

LE FROMAGE

du Cantal

Diderot et d'Alembert le choisirent comme modèle pour expliquer la fabrication du fromage dans leur *Encyclopédie*. Il bénéficie d'une appellation d'origine contrôlée depuis 1956.

UNE LEÇON RETENUE

Les paysans auvergnats qui possèdent des vaches laitières les emmènent à l'estive, souvent à plus de 1 000 mètres d'altitude, de mai à septembre. Traditionnellement, ils partent avec de quoi tenir avant de pouvoir déguster leur fromage, produit sous forme de tommes de 40 kilos faites pour durer, se bonifier en vieillissant et redescendre des cratères assoupis pour finir sur les marchés. Nos éleveurs emportaient jadis ce qu'ils avaient sous la main : des volailles et des pommes de terre. Quand ils avaient dévoré les poulets et savouré les dernières patates, ils faisaient un bouillon des carcasses et des épluchures. Comme la nature est bonne fille, ils disposaient à ce moment de leur cantal très jeune, qui enrichissait le brouet. Adrien Descouls a retenu la leçon. La « soupe des burons », qu'il sert en hiver, est l'une de ses spécialités. Il remplace le jeune cantal par de l'extra-vieux, qu'il transforme en mousse : celle-ci va lier le potage en direct sous les yeux du client. Chantre intarissable de son Auvergne natale, Descouls est un mordu du fromage. « Ici, si vous n'en mettez pas à votre menu, on vous fait sauter la baraque ! », dit-il en riant.

LE CHEF EN PARLE

Le cantal se déguste à trois stades différents. La tomme jeune a un goût moins prononcé mais sa texture filante la prédestine à la truffade ou à l'aligot. Ce dernier se prépare sur une base de purée de pommes de terre montée à la tomme, après qu'on a ajouté de l'ail. C'est assez complexe, mine de rien, pour obtenir la bonne consistance. Rien à voir avec la truffade, qui est à base de pommes de terre coupées en morceaux de tailles différentes qu'on fait toaster, croustiller au fond de la poêle, et auxquelles on mélange le fromage ; on la sert avec une salade et du jambon de pays. J'ai, personnellement, une préférence pour la truffade.
Le cantal « entre deux », ni jeune ni fort, est le compagnon parfait du randonneur à l'heure du casse-croûte. Il peut aussi entrer dans certaines préparations. Et puis il y a le vieux cantal, le nec plus ultra, que j'utilise abondamment dans mon restaurant. Certains, passé 36 mois, tirent sur l'orange. Ils ont un arôme très puissant mais ne piquent pas la bouche - c'est d'ailleurs à cela qu'on reconnaît les meilleurs cantals.
Je ne vous parle évidemment que des fromages fermiers, confectionnés par des artisans passionnés à partir de lait cru. L'Auvergne est la région de France qui produit le plus de fromages. Impossible dans un restaurant de ne pas proposer un plateau de premier ordre à ses clients, qui sont des connaisseurs exigeants.

Adrien Descouls

MADELEINES

au cantal

POUR 22 MADELEINES

PRÉPARATION : 10 MIN
CUISSON : 6 MIN
REPOS : 24 H

- 340 g de cantal entre-deux
- 8 œufs
- 4 jaunes d'œufs
- 250 g de farine
- 10 g de levure chimique
- 8 g de sel
- 100 g de parmesan râpé
- 100 g de beurre
- 100 g d'huile d'olive

Montez les œufs dans la cuve d'un batteur. Ajoutez la farine, la levure chimique, le sel, le parmesan râpé et le cantal. Pour finir, ajoutez le beurre fondu tiède et l'huile d'olive. Débarrassez dans un bac et laissez reposer une nuit entière.

Montez le four à 240 °C (th. 8). Mettez la pâte dans des plaques à madeleine et enfournez. Éteignez le four et laissez lever pendant 4 min. Ensuite, laissez cuire 1 min à 220 °C (th. 7). Retournez la plaque et terminez la cuisson pendant 1 min une nouvelle fois à 220 °C (th. 8).

Glenn Viel

LA LAITUE

des Alpilles

La laitue est une plante sans appellation protégée, loin des frontières contrôlées, une libertaire qui s'offre à bien des sols, partage nombre de ciels et dont la meilleure serait peut-être tout simplement celle de son jardin, réel ou fantasmé.

DE LA BLONDE DE PARIS À LA TÊTUE DE NÎMES

On compte quatre cents variétés répertoriées au seul catalogue français, dont la laitue beurre (feuilles tendres, nervures pennées), les batavias (feuilles craquantes, nervures parallèles), les grasses (feuilles épaisses), les romaines (oblongues), celles à couper (type feuilles de chêne) et les tiges (taille asperge). Du côté des Alpilles, pas rare de trouver la craquerelle du Midi, autrement baptisée craquante d'Avignon, une dodue aux feuilles lisses d'un vert soutenu qui livre une texture épaisse et croquante. Celle-ci, comme ses cousines, est riche en nitrates qui, au contact des bactéries buccales, deviennent nitrites et favorisent la fluidification sanguine. Rarement travaillée cuite hors les veloutés et les fameuses feuilles braisées des petits pois à la française, la laitue compose trop souvent de salade en... salade quand elle ne se réduit pas à l'ornemental. Dommage, on la verrait bien en pesto, enveloppant la cuisson d'un poisson méditerranéen, nourrissant une farce végétale, frisant un sorbet...

LE CHEF EN PARLE

Je ne sais pas si c'est moi qui ai choisi la laitue ou l'inverse, mais c'est une drôle de rencontre. Pas vraiment de l'ordre du coup de foudre mais pas loin du flash ou du heureux hasard. J'étais face à une belle pièce, vigoureuse, avenante et j'ai commencé à la frictionner comme pour la cuire. L'idée de la recette est venue ainsi, dans l'envie d'une laitue dont on aurait l'impression qu'elle est cuite alors qu'elle ne l'est pas.
C'est sûrement cette immédiateté que j'apprécie dans cette salade. Elle ne se conserve d'ailleurs pas longtemps et toujours dans un linge humide, la tête en bas. Petit, dans le jardin de mon grand-père, en Bretagne, j'adorais, sur le coup des onze heures, qu'on me dise : «Va nous couper une laitue pour le déjeuner...» Il y a une telle franchise dans cette grosse boule de fraîcheur, ces feuilles opulentes et ce cœur battant, le croquant.
Pour moi, la laitue est presque devenue provençale. C'est peut-être cela le terroir intime d'un cuisinier.
Voilà pourquoi je l'ai travaillée, ici, avec tomates et citrons confits. La laitue n'en demande pas beaucoup plus. Il lui faut du simple, du frugal. Évidemment, une huile, un vinaigre et, dans la même veine mais sur un autre ton, pourquoi ne pas l'associer au gingembre. Sa force, c'est sa qualité de mâche. C'est fou comme elle se développe en bouche. Elle ressemble à cette terre que l'on bêche. Soudain, elle triple de volume.
Peu de produits conjuguent, dans le même temps, un si grand naturel et un pareil sens de l'effet.
Ma cuisine est dans cet esprit.

Glenn Viel

CŒUR DE LAITUE CUITE EN PRESSION

tomates confites au soleil, crémeux de roquette

POUR 2 PERSONNES

PRÉPARATION : 15 MIN
CUISSON : 5 MIN
REPOS : 10 H

TOMATES CONFITES
- 3 tomates
- Sucre semoule
- Huile d'olive
- Ail
- Sel
- Poivre

CITRON CONFIT
- 1 citron jaune
- 1,5 l d'eau
- 250 g de sel
- 400 g de sucre semoule

LAITUE
- 1 belle laitue
- 10 pétales de tomates confites
- 1 fenouil
- ¼ de citron confit
- 10 feuilles de basilic
- 2 cl d'huile d'olive Castelas
- Sel
- Poivre

CRÉMEUX DE ROQUETTE
- 200 g de roquette
- 100 g de feuilles de laitue
- 50 g de tétragone
- 50 g de poivron vert confit
- 50 g de pomme Granny Smith
- 15 cl d'huile d'olive
- 3 g de sel
- 3 cl de jus de citron jaune

DRESSAGE
- Petits croûtons de pain
- Basilic nain

TOMATES CONFITES

Mondez, coupez en deux et épépinez les tomates. Assaisonnez (sel, poivre, sucre, huile d'olive), puis disposez les tomates sur la grille du séchoir et ajoutez une lamelle d'ail. Le séchoir doit être installé dans un endroit bien dégagé à 40 °C minimum sous verre, si possible avec une légère brise (le temps pour confire les tomates est aléatoire et dépend principalement de la météo). Comptez tout de même 10 h. Une fois confites, les tomates doivent être conservées dans l'huile d'olive.

CITRON CONFIT

Lavez et zestez le citron, puis blanchissez-le à 3 reprises (départ à froid). Dans une casserole, préparez le sirop : portez à ébullition l'eau, le sel et le sucre. Disposez le citron dans un bocal et versez le sirop froid. Conservez le bocal pendant 3 mois avant de le consommer.

LAITUE

Lavez la laitue entière, égouttez-la bien et retirez les grosses feuilles (à conserver pour le crémeux de roquette). Écartez les feuilles délicatement, puis disposez entre chacune d'elles les tomates, le fenouil taillé très fin, le citron en julienne épaisse et les feuilles de basilic. Ajoutez huile d'olive, sel, poivre et refermez la laitue. Filmez fermement la laitue puis mettez-la sous vide dans un sac rétractable. Plongez le sac 3 s dans une eau à ébullition, laissez refroidir et conservez au frais pendant 24 h.

CRÉMEUX DE ROQUETTE

Mettez l'ensemble des éléments au Thermomix®. Mixez jusqu'à l'obtention d'un appareil lisse et homogène.

Dressage

Disposez le crémeux de roquette au centre de l'assiette. Assaisonnez la laitue de sel, poivre, huile d'olive et placez-la au centre du crémeux. Pour finir, disposez des petits croûtons et têtes de basilic nain.

François Gagnaire

LA LENTILLE VERTE

du Puy

Il est, au centre de l'Hexagone, un pays de cocagne où la table est en fête toute l'année. Vous avez reconnu l'Auvergne. Les volcans l'ont généreusement dotée en terres fertiles et équipée d'un chauffage au sol bien pratique pour contrer l'âpreté des hivers. Le Puy-en-Velay (Haute-Loire) est la capitale de la lentille verte, la plus prisée, protégée dès 1935 et couronnée par une AOP, une première pour un légume, en 1996.

LE RAMBO AUVERGNAT

Formidablement nourrissante et diététique, elle pousse sur les terres sombres du Velay, sous la forme de tiges qui atteignent une hauteur de 40 cm environ et portent des gousses garnies d'une ou deux amandes.

La veinarde bénéficie d'un microclimat, de sorte que lorsqu'on la récolte, au mois d'août, elle a reçu peu d'eau les mois précédents. Ce stress hydrique la contraint à lutter pour sa survie : la lentille du Puy, c'est le Rambo auvergnat – ce qui ne l'empêchera pas de finir en petit salé, mais pas seulement. Guy Savoy a eu la bonne idée d'acoquiner la lentille verte du Puy et d'énormes langoustines du Finistère. Résultat : l'alliance fulgurante de l'iode et des volcans. François Gagnaire, natif du Puy, travaille la lentille chez lui, dans son « bistrot nature », Anicia. Tout se tient : Anicia est l'ancien nom du Puy et l'actuel nom de la semence de lentille verte. Les microbilles vertes entrent aussi dans la composition de desserts, comme la tarte myrtilles-lentilles ou la galette frangipane et lentilles, boostée par une tombée de badiane.

LE CHEF EN PARLE

La verte du Puy est un produit qui convient au style de restauration que je propose chez Anicia, où mon but est de réunir les gens. Qu'ils soient « végans », « viandards » ou ni l'un ni l'autre, mes clients trouveront des plats qui les satisferont. L'intérêt de la lentille du Puy, c'est qu'elle s'adapte aussi bien à des préparations simples, grands classiques de la cuisine « de ménage », qu'à des plats plus sophistiqués. Elle accompagne magnifiquement le homard ou le foie gras, par exemple. Quand j'étais enfant, on la mangeait à la maison en petit salé, ou en salade avec des lardons et un œuf poché. Je vous propose justement, aujourd'hui, une recette simplissime de salade très fraîche, très équilibrée, avec du quinoa et une touche inattendue de kumquat. À Anicia, j'ai créé un plat que j'ai appelé, en guise de clin d'œil, le « caviar du Velay » avec des lentilles et des crustacés. Je mets à cuire les lentilles, sans sel ni trempage préalable pour commencer (il suffit de les rincer), et je les sors du bouillon au bout de quinze à vingt minutes. Puis je les plonge dans une bisque de crustacés, et enfin dans une gelée de tourteau. La chair du crabe est émiettée, mêlée de mascarpone et acidulée avec du citron et du gingembre. Pour le clin d'œil, je dresse dans une boîte plate, comme pour des œufs d'esturgeon, et j'apporte des blinis à la farine de lentille. La lentille du Puy a des propriétés nutritives exceptionnelles et un goût très fin. Pour varier les plaisirs, je travaille aussi sa pulpe pour des desserts, et cela fonctionne très bien.

François Gagnaire

SALADE DE LENTILLES VERTES DU PUY

quinoa et kumquat

POUR 4 PERSONNES

PRÉPARATION : 5 MIN
CUISSON : 25 MIN

- 200 g de lentilles vertes du Puy bio
- 100 g de quinoa
- Huile de colza
- Moutarde
- Vinaigre de citron
- Quelques pousses d'herbes fraîches (coriandre, menthe, ciboulette...)
- 4 radis coupés en fines rondelles
- 4 kumquats confits coupés en petits cubes
- Quelques graines de sarrasin grillé
- Sel
- Poivre

Mettez à cuire les lentilles et le quinoa dans deux casseroles différentes. Goûtez pour vous assurer que la cuisson est parfaite. Égouttez et laissez refroidir. Préparez une vinaigrette avec l'huile de colza, la moutarde, le vinaigre de citron, le sel et le poivre.

Dressage

Assaisonnez les lentilles et le quinoa avec la vinaigrette et les herbes fraîches hachées. Répartissez sur quatre assiettes. Parsemez de rondelles de radis, kumquat et sarrasin grillé.

Pierre Hermé

LE MIEL
de maquis corse

Doux comme le miel, dit-on, mais également vertueux puisque antibactérien, antioxydant et anti-inflammatoire. Fruit du travail d'équipe de différentes abeilles ouvrières – les butineuses, les receveuses, les ventileuses – qui transforment le nectar des fleurs avant de le stocker dans les alvéoles de cire de la ruche pour nourrir leur communauté, la précieuse substance ne subit d'autre intervention humaine que la collecte, l'épuration et le conditionnement. La nature des fleurs butinées et leur provenance déterminent son goût : acacia, tilleul, arbousier, lavande... Mais si certains bénéficient d'une IGP ou d'un Label Rouge, seuls deux miels en France ont obtenu une AOP de l'Union Européenne : le miel de sapin des Vosges (depuis 1996) et le miel de Corse (2000). Grâce à la richesse florale endémique et au climat de l'île de Beauté, le mele di Corsica se décline sur une gamme de six miels variés : printemps, maquis de printemps, maquis d'été, châtaigneraie, miellats du maquis et maquis d'automne, du plus doux au plus amer.

BRUYÈRE, LAVANDE ET GENÊTS

Ambré, le miel de maquis de printemps est récolté en saison sur de vastes étendues de maquis, de la mer à la montagne. On y retrouve toute la complexité de la flore du maquis, principalement de la bruyère blanche, de la lavande maritime et des genêts, qui lui confèrent une odeur de réglisse et de cuir et une saveur de pain d'épice et de caramel.

LE CHEF EN PARLE

Au fil de mon parcours de pâtissier, j'ai croisé de nombreux miels particuliers. Leur point commun ? Beaucoup de parfum et un peu d'amertume. Durant mon enfance alsacienne, on trouvait du miel de sapin. J'ai ensuite travaillé longuement un miel de châtaigne des Landes, jusqu'à ma rencontre avec Alain Valentini, il y a sept ans, au festival Art'è Gustu, à Aléria (Haute-Corse). Son miel de maquis de printemps est désormais le seul que j'utilise dans mes créations. Il existe une multitude de miels de qualité en France, mais le sien a un caractère bien à lui, une subtilité et un développement aromatique d'un grand raffinement. Il est très long en bouche, doté d'une vraie identité gustative. Dans mes pâtisseries, je ne l'emploie pas pour remplacer le sucre, mais pour mettre son goût en valeur. Nous le mentionnons d'ailleurs toujours dans les ingrédients. Je le dose afin que l'on perçoive son parfum, mais de telle sorte que le sucre ne l'emporte pas - bien que l'on sature moins vite par l'excès de miel que de sucre. Dans la recette du macaron Kallisté que je vous propose, les agrumes sont assaisonnés de miel pour obtenir un équilibre parfait entre amertume, parfum et acidité. Quelques astuces pour terminer : pour faire monter plus facilement vos blancs d'œufs, utilisez des blancs liquéfiés (vieillis quelques jours au frigo). Conservez 24 h les macarons au réfrigérateur sous film avant de les déguster, le temps que la ganache et le biscuit s'imprègnent pour un résultat craquant à l'extérieur et moelleux à l'intérieur. Les macarons se conservent sept jours au réfrigérateur. Si vous en faites de grosses quantités, congelez-les dans une boîte hermétique juste après la préparation et sortez-les la veille au réfrigérateur.

Pierre Hermé

MACARONS KALLISTÉ

miel et agrumes

POUR ENVIRON 36 MACARONS

PRÉPARATION : 35 MIN
CUISSON : 45 MIN
REPOS : 12 H 45

GANACHE AUX AGRUMES ET
AU MIEL DE MAQUIS

- 275 g de chocolat blanc à 35 % de cacao (Ivoire Valrhona®)
- 15 g de jus de citron jaune
- 10 g de jus d'orange frais
- 35 g de miel de maquis de printemps corse (Alain Valentini®)
- 200 g de crème liquide à 35 % MG
- 4 g de zeste de mandarine frais

GANACHE AUX AGRUMES ET AU MIEL DE MAQUIS

Préparez la ganache la veille.
Faites fondre le chocolat blanc au four micro-ondes (300 W max.) en remuant toutes les 20 s jusqu'à ce que le chocolat soit fondu, ou à feu doux au bain-marie. La température du chocolat ne doit pas dépasser 35-40 °C.
Dans une casserole, faites chauffer à 60 °C le jus de citron avec le jus d'orange, puis ajoutez le miel.
Dans une seconde casserole, portez la crème à ébullition avec les zestes de mandarine ; laissez infuser au moins 10 minutes à couvert. Filtrez.
Versez la crème en trois fois sur le chocolat fondu en mélangeant entre chaque opération. Ajoutez le mélange jus et miel et mixez pour obtenir une ganache homogène. Versez-la dans un plat à gratin avec un film alimentaire au contact et placez au réfrigérateur jusqu'au lendemain, afin d'obtenir une texture crémeuse.

Suite de la recette, page suivante

Pierre Hermé

BISCUIT MACARON ORANGE

- 150 g de sucre glace
- 150 g de poudre d'amande
- Quelques gouttes de colorants alimentaires naturels rouge et jaune (facultatif)
- 110 g de blancs d'œufs (3-4 blancs), liquéfiés de préférence
- 40 g d'eau minérale
- 50 g de sucre semoule

BISCUIT MACARON ORANGE

Tamisez le sucre glace avec la poudre d'amande.
Mélangez les colorants dans 55 g de blancs d'œufs. Versez-les sur la préparation sucre glace et poudre d'amande et mélangez. Portez à ébullition l'eau minérale et le sucre semoule jusqu'à 118 °C. Dès que le sirop atteint 115 °C, commencez à monter en neige les autres 55 g de blancs d'œufs. Versez le sucre cuit à 118 °C en filet sur les blancs montés. Fouettez et laissez refroidir la meringue italienne à 50 °C avant d'incorporer le mélange sucre glace et poudre d'amande, tout en faisant retomber la pâte.
Mettez le tout dans une poche à douille lisse n° 11. Façonnez des ronds de pâte d'environ 3,5 cm de diamètre en les espaçant de 2 cm sur des plaques à pâtisserie tapissées de papier cuisson. Tapez les plaques sur le plan de travail recouvert d'un linge de cuisine afin d'étaler légèrement les biscuits. Laissez croûter les coques pendant 30 à 45 min à température ambiante.
Préchauffez le four à chaleur tournante à 160 °C. Enfournez les plaques de biscuit. Faites cuire 16 min en ouvrant rapidement deux fois la porte du four durant la cuisson pour laisser s'échapper l'humidité. À la sortie du four, glissez les feuilles de biscuit sur le plan de travail ou sur des grilles et laissez refroidir.

Assemblage

Versez la ganache dans une poche à douille lisse n° 11.
Retournez la moitié des coques de biscuit macaron sur une feuille de papier cuisson ou sur une grille. Garnissez-les généreusement de ganache. Recouvrez avec les coques de biscuit macaron restantes en prenant soin d'assortir les tailles.
Conservez les macarons 24 h au réfrigérateur avant de les servir et sortez-les 2 h avant de les déguster.

Pierre Augé

LES MOULES

de l'étang de Thau

Popularisées par des chaînes de restaurants les accommodant à toutes les sauces, les petites coquilles noires se sont invitées durablement à notre table. De la Normandie à la Vendée en passant par la Bretagne est produite la célèbre moule de bouchot, du nom des pieux de bois autour desquels grandissent les mollusques. La Méditerranée est un autre bassin incontournable de la conchyliculture, nom donné à l'élevage de coquillages, regroupant celui des huîtres (ostréiculture) et des moules (mytiliculture).

DES CORDES MARSEILLAISES

Des sept zones de production, c'est celle de l'étang de Thau et sa façade maritime, près de Sète, qui est la plus emblématique. Point de bouchots ici, les techniques diffèrent. Sur des filets en forme de longues chaussette, les mollusques se développent durant 8 à 12 mois avant d'être récoltés. Historiquement, les cordes étaient tressées à la main et enduites de goudron pour résister au sel. Les matériaux synthétiques ont ensuite fait leur apparition, mais l'esprit de l'élevage reste le même. La coquille a une teinte noir foncé, tendant sur le marron, et la chair est beaucoup plus orangée, parfois un peu rouge. Qu'elle soit de l'étang ou de mer, l'espèce de Méditerranée est par ailleurs bien plus grosse que sa cousine de bouchot, et donc mieux adaptée à certaines recettes, comme celle, emblématique, des moules farcies à la sétoise, spécialité régionale dont le chef Pierre Augé semble explorer ici l'héritage.

LE CHEF EN PARLE

Ce qui m'intéresse, en cuisine, c'est de reprendre les principes des recettes de nos grands-mères, mais de les remettre au goût du jour. Et de rendre hommage à ma région. Je n'ai pas attendu la mode pour travailler les produits locaux. Cela fait des années que je me bats avec cette idée : entre 95 et 99 % de ce que l'on utilise au restaurant vient du coin, jusqu'au sel. Voilà pourquoi j'aime les moules de l'étang de Thau. Cet endroit, c'est chez moi. Il y a toute une zone où sont regroupés un certain nombre de producteurs d'huîtres et moules. On arrive en barque pour les déguster, avec le mont Saint-Clair en arrière-plan, la ville de Sète, des couchers de soleil sublimes... C'est un lieu à part. Ces moules, j'aime bien en détourner un peu l'usage, histoire de surprendre. D'où cette recette où chaque mollusque est farci avec de la chair à saucisse, faite de cochon des Pyrénées. Pour aérer la farce, j'ajoute un peu de pain trempé dans du lait. J'utilise du Noilly Prat pour déglacer, encore une spécialité locale. Ce vermouth produit à Marseillan a un petit côté vintage mais revient en force en ce moment, dans beaucoup de cocktails. À la fin, j'ajoute un peu de sang de cochon à la sauce pour la lier et lui donner cette couleur noire qui fait penser au civet. Mais j'utilise aussi, bien entendu, le jus des moules, pour casser le côté puissant et brouiller les cartes entre terre et mer. J'ai toujours aimé travailler ça, dans mes assiettes. Cela a un vrai sens ici, nous sommes à dix minutes de la plage et pas bien loin de la montagne. Il y a une connexion naturelle qui se fait. Dans le même ordre d'idées, je prépare aussi les moules en brochettes : je les ouvre façon marinière, je les enfile sur des pics avec du lard fumé, je trempe dans l'aïoli et la chapelure et fais frire le tout. On s'en met partout à la préparation, mais c'est délicieux.

Pierre Augé

CIVET DE MOULES DE L'ÉTANG DE THAU

et mousseline de céleri

POUR 4 PERSONNES

PRÉPARATION : 40 MIN
CUISSON : 1 H 30

CIVET

- 16 moules de bonne taille
- 265 g de chair à saucisse
- 200 g de pain trempé au lait
- 10 g de persil ciselé
- 3 g d'ail haché
- 1 carotte
- ½ oignon
- 15 g d'huile d'olive
- 100 g de Noilly Prat®
- 1 bouteille de vin rouge
- 150 g de sang de cochon (à demander bien frais à son boucher)
- Sel
- Piment d'Espelette

MOUSSELINE

- ½ céleri-rave
- 10 g d'huile d'olive
- 3 g d'aneth
- Fleur de sel de Camargue
- Chou blanc ou coloré
- 1 citron jaune bio non traité
- Poivre

Lavez et ouvrez les moules à cru en prenant soin de garder le jus. Mélangez la chair à saucisse, le pain trempé, le persil et l'ail dans un saladier. Farcissez chaque moule avec la préparation et refermez pour que la farce soit bien prise à l'intérieur. Coupez la carotte et le demi-oignon en brunoise. Dans une cocotte allant au four, faites-les revenir 1 min avec l'huile d'olive à feu vif. Déglacez avec les 100 g de Noilly Prat et faites réduire à sec à feu doux. Préchauffez le four à 140 °C (th. 5). Mouillez la garniture avec le jus des moules et 750 g de vin rouge. Portez à ébullition, puis ajoutez les moules préparées dans la cocotte. Faites cuire pendant 1 h au four. Mettez à cuire le céleri-rave à l'eau bouillante salée environ 10 min. Mixer-le au blender avec l'huile d'olive, le piment d'Espelette, l'aneth, le sel et le poivre. Réservez.
Retirez les moules pour terminer la sauce en la liant avec le sang de cochon. Attention à bien fouetter et à ne pas laisser bouillir pour éviter que le sang ne coagule.

Dressage

Dressez chaque assiette avec quatre moules farcies arrosées de sauce. Ajoutez la mousseline de céleri. Râpez dessus quelques grammes de chou blanc ou coloré, des zestes de citron. Ajoutez un trait d'huile d'olive et une pincée de fleur de sel.

Jérôme Nutile

L'OIGNON DOUX

des Cévennes

Ce n'est pas l'oignon jaune tout venant de nos étals. Dûment adoubé d'une AOC (il est le premier oignon en Europe à avoir obtenu cette distinction) et d'une AOP, c'est lui l'aristo des éperons. Seul en son genre à se conserver naturellement sans traitement anti-germinatif, prisé par les plus grands chefs, ses pétales donnent de l'esprit aux plats, qu'il en soit l'ingrédient alpha ou le condiment. Cru, brillant et croquant, cuit, translucide et onctueux ou confit, ambré et caramélisé, il est en toute circonstance juteux et gracieux aux papilles et aurait pu inspirer l'*Ode à un oignon*, de Pablo Neruda : « Quand te coupe le couteau dans la cuisine monte la seule larme sans malheur. »

LIPPÉE DE ROI

Pour cet enfant du pays, Meilleur Ouvrier de France, la saison idéale pour le cuisiner se situe entre la mi-août et l'arrivée des pluies automnales, lorsque le bulbe paraît et « est encore empreint des fraîches senteurs de la terre ». Et, bien sûr, le chef n'a pas pu résister à faire prendre le bouillon à ce doux des Cévennes, à en faire le gratin d'une soupe à l'oignon. L'histoire veut que, bien avant de devenir brouet des Halles et graal des Japonais, cette franchouillarde fût lippée de roi. Louis XV, revenant de la chasse, et trouvant le relais vide de victuailles, excepté des oignons, du beurre et du champagne, fit cuisiner ensemble ces trois ingrédients. Il chancela : c'était bon.

LE CHEF EN PARLE

C'est un oignon goûteux, rond, tout en finesse. Dès que c'est la saison, je l'utilise à chaque repas. Il se garde bien, mais comme il est riche en eau, il faut bien le conserver à l'abri de l'humidité, sinon il peut vite s'abîmer. Ce que j'aime surtout, c'est le cuisiner primeur, directement quand il sort de la terre, comme un produit hyper frais. Ses possibilités sont infinies. On peut tout simplement le faire en salade ou le déguster cru avec des anchois : il remplace délicieusement la cébette que les Provençaux ont l'habitude de manger avec ces derniers. Vous pouvez aussi le farcir, une autre façon traditionnelle de le préparer dans les Cévennes. Le mariner avec une petite julienne de pommes du Vigan et de jambon cru. Cuit, en purée fondante, en crème, en tarte, il a aussi une saveur incomparable. Le fait qu'il n'ait aucune amertume permet même d'en faire des sorbets et de le faire entrer dans des desserts. Quant à la soupe à l'oignon, elle fait partie de mes grands classiques. Nos oignons AOP lui apportent leur douceur et leur arôme délicat de châtaigne. J'y mets aussi une pointe de piment doux des Cévennes, une pépite locale. Il est beaucoup moins piquant que celui d'Espelette. Par contre, il est plus chaud en bouche, et développe un petit goût de caramel surprenant.
Et pour rappeler les croûtons et la gratinée, j'accompagne cette soupe de tartines toastées avec de l'oignon, du jambon cru et du Vieux Rodez. Qualifié parfois de « parmesan français », c'est un Aveyronnais. Il vient, en voisin, de l'autre côté du Parc naturel régional des Grands Causses, compléter ce plat de convivialité.

Jérôme Nutile

SOUPE D'OIGNONS DOUX DES CÉVENNES

Vieux Rodez et jambon de montagne

POUR 8 PERSONNES

PRÉPARATION : 15 MIN
CUISSON : 1 H

- 1,5 kg d'oignons doux des Cévennes
- 12 cl d'huile d'olive
- 1 petite botte de thym
- 2 feuilles de laurier
- 5 gousses d'ail
- Piment doux des Cévennes
- 1 c. à s. de farine
- 10 cl de vin blanc
- 1 l de bouillon de volaille (voir p. 276)
- Fleur de sel de Camargue
- 100 g de Vieux Rodez (tomme aveyronnaise)
- 8 tranches de jambon cru de montagne
- 8 tranches de pain

Coupez grossièrement en morceaux 1 kg d'oignons doux. Faites-les suer avec 5 cl d'huile d'olive. Ajoutez le thym, le laurier, l'ail et un peu de piment doux. Saupoudrez de farine, faites colorer et mouillez avec le vin blanc. Laissez réduire de moitié puis incorporez le bouillon. Laissez mijoter 1 h minimum. Rectifiez l'assaisonnement. Coupez finement 3 oignons doux puis roulez-les dans l'huile d'olive et la fleur de sel de Camargue. À l'aide d'un économe, détaillez le Vieux Rodez en copeaux. Disposez harmonieusement les oignons, le jambon cru et les copeaux de fromage sur les tranches de pain grillé. Servez la soupe accompagnée de ces toasts.

Le Nimois
Domingo
FRANCE

Régis et Jacques Marcon

L'OMBLE CHEVALIER

de l'Ardèche

Originaire des zones arctiques, l'omble chevalier, autrement appelé "Salvelinus alpinus", s'épanouit en eau douce. Adepte des eaux froides et oxygénées, en particulier des grands lacs de montagne, son nom lui va bien car c'est un aventurier : l'omble a la particularité de pouvoir évoluer à de grandes profondeurs, parfois plus de cent mètres. En Ardèche, le Lac-d'Issarlès comble un ancien cratère de volcan et s'étire, long et ovale, sur 90 hectares. La réintroduction d'alevins d'ombles chevaliers y a été lancée depuis une dizaine d'années, ravivant ainsi l'intérêt des pêcheurs pour le lac. Peu combatif, il est également une cible de choix pour la pêche de loisir. On le reconnaît à sa peau grise et tachetée sur les côtés, mais orangée au niveau du ventre.

RICHE EN OMÉGA-3

De la même famille que le saumon et la truite, l'omble chevalier est un poisson gras. À ce titre, il est riche en oméga-3, des acides gras bénéfiques pour une bonne santé cardio-vasculaire. Par ailleurs, il est une bonne source de phosphore, de magnésium et de vitamines A et D. Pour s'assurer de la fraîcheur du poisson, on vérifiera que sa peau est bien brillante et ses branchies rouge vif. Réputé pour sa chair rosée goûteuse et délicate, l'omble chevalier peut se cuire au court-bouillon, être grillé à la poêle ou au barbecue, ou être cuisiné entier au four. Les adeptes du cru pourront également le préparer en tartare, fumé, en rillettes ou en terrine.

LE CHEF EN PARLE

La châtaigne est le fruit emblématique de notre Ardèche. J'adore la cuisiner. Ici, j'ai voulu l'associer avec l'omble chevalier et le chou, le tout relevé d'une pointe de vanille. Originaire des zones arctiques, l'omble chevalier, autrement appelé « Salvelinus alpinus », s'épanouit en eau douce. Adepte des eaux froides et oxygénées, en particulier des grands lacs de montagne, son nom lui va bien car c'est un aventurier : l'omble a la particularité de pouvoir évoluer à de grandes profondeurs, parfois plus de cent mètres. En Ardèche, le Lac-d'Issarlès comble un ancien cratère de volcan et s'étire, long et ovale, sur 90 hectares. La réintroduction d'alevins d'ombles chevaliers y a été lancée depuis une dizaine d'années, ravivant ainsi l'intérêt des pêcheurs pour le lac. Peu combatif, il est également une cible de choix pour la pêche de loisir. On le reconnaît à sa peau grise et tachetée sur les côtés, mais orangée au niveau du ventre.

RICHE EN OMÉGA-3

De la même famille que le saumon et la truite, l'omble chevalier est un poisson gras. À ce titre, il est riche en oméga-3, des acides gras bénéfiques pour une bonne santé cardio-vasculaire. Par ailleurs, il est une bonne source de phosphore, de magnésium et de vitamines A et D. Pour s'assurer de la fraîcheur du poisson, on vérifiera que sa peau est bien brillante et ses branchies rouge vif. Réputé pour sa chair rosée goûteuse et délicate, l'omble chevalier peut se cuire au court-bouillon, être grillé à la poêle ou au barbecue, ou être cuisiné entier au four. Les adeptes du cru pourront également le préparer en tartare, fumé, en rillettes ou en terrine.

Régis et Jacques Marcon

OMBLE CHEVALIER EN ÉCAILLES DE CHÂTAIGNE

embeurrée de choux de Bruxelles à la truffe

POUR UNE 4 PERSONNES

PRÉPARATION : 1 H 30
CUISSON : 30 MIN

- 8 filets d'omble chevalier
- 6 g de crème liquide
- 10 g de châtaignes crues
- 10 g de châtaignes cuites
- ½ truffe
- 10 choux de Bruxelles
- 1 oignon
- 20 g de beurre
- 50 g de sucre semoule
- 3 cl de vinaigre de Xérès
- 10 cl de bouillon de volaille (voir p. 276)
- 1 gousse de vanille
- Mie de pain
- Sel
- Poivre

Coupez les filets d'omble chevalier pour obtenir une forme rectangulaire. Mettez les parures de côté pour préparer la farce. Ôtez la peau des parures, puis mixez-les. Ajoutez la crème et le sel, puis mixez de nouveau pour obtenir une préparation homogène.
Épluchez les châtaignes crues. Taillez-les en lamelles ainsi que la truffe et les châtaignes cuites. Gardez les brisures pour la farce.
Mélangez la farce avec les brisures de châtaignes cuites et de truffe.
Répartissez la farce sur la moitié des filets d'omble chevalier, puis accolez-y le reste des filets.
Retournez-les et disposez les écailles de châtaigne cuites sur le poisson.
Triez les choux de Bruxelles et ôtez la première peau. Taillez quatre choux en quartiers et émincez le reste des choux. Pelez et émincez l'oignon. Faites blanchir les quartiers de choux pendant 2 min, puis les choux émincés pendant 1 min. Plongez-les dans de l'eau glacée.
Faites revenir l'oignon avec un peu de beurre dans une casserole. Ajoutez les choux émincés et faites cuire 2 à 3 min. Ajoutez la truffe à la fin de la cuisson.
Dans une casserole, versez du sucre et faites chauffer jusqu'à obtenir un caramel blond. Déglacez et mélangez avec le vinaigre de Xérès et faites réduire jusqu'à obtenir un sirop. Ajoutez du bouillon de volaille ou de poisson hors du feu. Ajoutez la vanille et faites infuser 15 min. Montez avec 1 noix de beurre noisette au dernier moment.
Préchauffez le four à 140 °C (th. 5). Saupoudrez les ombles de mie de pain. Enfournez pendant 1 min, puis finissez de cuire sous le gril du four.
Placez la compotée de chou à la truffe sur l'assiette avec des morceaux de choux de Bruxelles. Déposez dessus une alternance de lamelles de châtaigne crue et de truffe. Déposez le poisson à côté et versez un filet de sauce.

Gérald Passedat

LA PÉLAMIDE

de Méditerranée

Jean Anthelme Brillat-Savarin, célèbre théoricien de la gastronomie, s'intéressa beaucoup aux poissons. Dans son maître ouvrage publié en 1825, *La Physiologie du goût*, il leur consacre plusieurs passages passionnants. Selon lui, les humains qui tirent l'essentiel de leur alimentation du milieu aquatique ont « moins de courage que ceux qui se nourrissent de chair » mais le mangeur de créatures à écailles aurait, au moins, le privilège de vivre plus vieux pour deux raisons : il ne risque pas l'indigestion et, du fait que les poissons n'ont pas d'os, un régime alimentaire centré sur les carpes, les sardines et tous leurs copains « retarde de quelques années la solidification de toutes les parties du corps, qui devient enfin la cause nécessaire de la mort naturelle ».

COUP DE FILET

Gérald Passedat, à la barre du Petit Nice à Marseille, ne se lasse pas de sa Grande Bleue, si iodée qu'elle façonne différemment le goût des bestioles qui s'y ébattent. « En revenant au restaurant familial, en 1985, j'ai acclimaté ma cuisine au vif du mistral, à l'aridité de la terre et à l'iode de la mer. La Provence est un pays si riche... Ici, j'utilise au moins 65 espèces selon les périodes de l'année. » Aujourd'hui, Gérald Passedat nous parle de pélamide : c'est une bonite à dos rayé. Le chef a un peu découvert par hasard ce cousin du précieux thon rouge de Méditerranée le jour où il tomba, en bande organisée, dans un coup de filet qui ne lui était pas destiné.

LE CHEF EN PARLE

C'était il y a quelques années. J'étais parti en mer avec un ami pêcheur. Nous étions dans la calanque de l'Ail. Il avait calé ses filets à 3 heures du matin. Revenu à 6 heures, il les remonte : il n'avait pris que des pélamides. À l'époque, ce poisson n'était pas recherché du tout. J'ai essayé de faire une sorte de ceviche, ou de marquer rapidement le poisson au gril avant de le mettre à mariner. La pélamide a un goût en deçà de celui du thon, mais avec un côté beurré, subtil, sans le gras du thon. Sa chair est rose. Elle se mange crue ou cuite, ultrafraîche ou maturée, peut se fumer ou être mise à sécher, selon l'usage qu'on souhaite en faire.

ESPÈCES OUBLIÉES

Il y a plus d'iode dans la Méditerranée que dans les autres mers. Mon oncle était pêcheur, les fils des pêcheurs marseillais étaient à l'école avec moi. Quand je suis revenu à Marseille, en 1985, j'ai commencé à faire mon potager d'espèces marines oubliées. Une bonne douzaine de petits bateaux partent en mer pour moi, chacun a sa spécialité. Chaque poisson a une texture bien à lui, un goût et un parfum différents de ceux des autres. J'ai élaboré mes cartes en procédant par paliers, en commençant par les coquillages pour m'enfoncer doucement dans la Méditerranée. Je cuisine sans crème ni beurre, le collagène des poissons suffit pour lier les sauces. Et je continue à découvrir des saveurs, en respectant la saisonnalité des espèces et en ne prélevant que le strict nécessaire grâce à mes formidables "pêcheurs-cueilleurs" ».

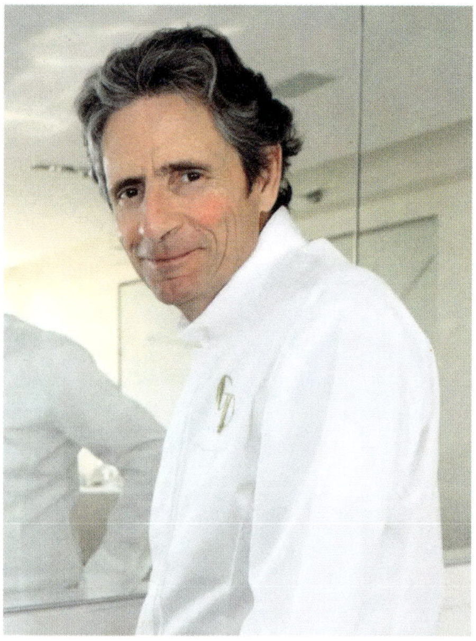

Gérald Passedat

CARPACCIO DE PÉLAMIDE

liche et biar

POUR 4 PERSONNES

PRÉPARATION : 30 MIN

- 1 filet de pélamide de 300 g
- 1 filet de liche de 200 g
- 1 filet de biar de 200 g
- 2 citrons de Menton
- 1 branche de fenouil sauvage frais
- 1 amande
- 1 gousse d'ail
- 2 feuilles de mélisse fraîche
- 1 c. à c. de garum
- 3 grains d'anis
- 50 g d'huile d'olive première pression à froid
- 2 poivrons noirs mavras
- Fleur de sel de Camargue
- Poivre du Sichuan

Salez le filet de liche au gros sel pendant 10 min, dessalez-le au torchon, puis rincez-le sous un petit filet d'eau. Mettez au grand froid 10 min les filets de biar et de pélamide désarêtés. Essuyez et enroulez délicatement dans un linge propre. Détaillez, en suivant le fil des chairs, les filets de manière fine et précise. Lavez, râpez les citrons, broyez l'amande avec une demi-gousse d'ail dégermée et la mélisse. Dans un cul-de-poule, mettez le mélange amande, mélisse, garum, le jus des citrons puis les zestes, et ajoutez les grains d'anis écrasés. Montez à l'huile d'olive et assaisonnez (on obtient ainsi une citronette mélissée). Lavez les poivrons noirs puis coupez-les en fines lamelles, et faites-les macérer dans la citronette mélissée pendant 10 min. Dressez les fines lamelles des trois poissons sur les assiettes. Lavez le fenouil, détachez-en les sommités et disposez-les sur le pourtour généreusement ainsi que les poivrons, à la cuillère. Saucez à votre convenance avec la citronette mélissée.

LE MOT DU CHEF

Il est préférable de maintenir à température ambiante pour révéler les saveurs des trois chairs de poisson, et de ne pas mettre trop de citronette mélissée mais plutôt de l'ajouter au fur et à mesure. Une focaccia serait la bienvenue pour la bonne bouche.

Armand Arnal

LE RIZ

de Camargue

Les pieds dans l'eau, les tiges au vent, ondulant au milieu des marécages, entre les bancs de flamants roses et les troupeaux de taureaux, se pliant sous l'effet du mistral et de la tramontane, les rizières se fondent dans les paysages de la Camargue comme si elles avaient été plantées là depuis la nuit des temps. Pourquoi la Camargue ? Parce qu'elle bénéficie d'un réseau d'irrigation d'eau douce venant du Rhône et arrosant déjà de nombreuses parcelles de terre. Mais aussi parce qu'il y fait suffisamment chaud pour cette plante d'origine tropicale dont la floraison ne supporte pas une nuit à moins de 13 °C.

SAUVAGE ET FAROUCHE

Planté en mai et récolté en octobre, le riz pousse vite mais demande de l'amour, de l'attention et de la délicatesse, comme si on veillait sur un être cher ou une personne fragile. Il faut aller le voir, plusieurs fois par jour pour surveiller le niveau d'eau – qui s'évapore rapidement par fortes chaleurs –, éviter que flamants roses, sangliers et ragondins ne viennent lui ronger les racines et que les mauvaises herbes ne l'envahissent. Sa culture a démarré par des grains ronds, avant que d'autres variétés - on en compte une cinquantaine aujourd'hui - ne soient imaginées : long, demi-long, noir... Et, depuis une vingtaine d'années, rouge. Sauvage et farouche, ferme et croquant malgré ses 30 minutes de cuisson, idéal pour accompagner viandes et poissons... Celui-là même dont le petit goût de noisette iodé a conquis Armand Arnal. Ce riz rouge, dont les deux variétés sont baptisées Tam Tam et Hermès, est aussi le plus apprécié par la filière bio.

LE CHEF EN PARLE

Avec sa nature quasi sauvage, si peu façonnée par la main de l'homme et ses lumières incroyables, puissantes, la Camargue est unique. Elle m'a séduit dès mon plus jeune âge lorsque j'y venais avec mes parents. De la même manière, le riz rouge m'a immédiatement interpellé pour son état brut, poussant dans des zones naturelles, à peine travaillées par l'intervention humaine. J'adore son petit goût torréfié de noisette, légèrement iodé. Il ne ressemble à rien d'autre. C'est un produit qui a une vraie personnalité, une typicité gustative exceptionnelle. Et, dans la région, c'est un accompagnement incontournable qui montre immédiatement aux clients où on se trouve. À la Chassagnette, en 2006, j'en servais une petite assiette à tous mes convives, comme cela se fait traditionnellement en Asie où l'on pose systématiquement un bol de riz à table.
Je le cuis au four, dans une cocotte, pendant trente-cinq à quarante minutes, avec un bouillon de légumes, une pointe de sel, un brin de romarin et une gousse d'ail, puis je le nacre avec un peu d'huile d'olive. Il sort gonflé mais croquant à souhait. Plus tard, j'ai commencé à travailler cet ingrédient plein de ressources en cuisine. Jusqu'au jour où l'idée m'est venue de remplacer la farine de blé par de la farine de riz rouge pour faire du pain, des cookies, des madeleines, de la pâte à choux mais aussi des chips de riz, de la tempura. Comme le riz n'a pas de gluten, donc pas d'éléments collants, il agit comme un accélérateur de goût et valorise au maximum une recette. J'ai été le premier à le faire, il y a six ou sept ans. À l'époque, c'était une petite révolution. Aujourd'hui, à la Chassagnette, c'est devenu ma signature « Camargue ».

Armand Arnal

RIZ ROUGE SAUTÉ FAÇON THAÏE

aux légumes de printemps et tofu

POUR 4 PERSONNES

PRÉPARATION : 40 MIN
CUISSON : 15 MIN

- 250 g de riz rouge bio de Camargue
- 4 tiges de ciboulette + quelques brins pour le dressage
- 3 navets nouveaux
- 3 carottes nouvelles
- ½ brocoli
- 60 g de tofu bio
- 3 c. à s. d'huile de colza
- 100 g de fèves épluchées
- 2 c. à c. de sauce soja
- 100 g de pousses de soja
- 1 botte de coriandre

La veille, faites cuire le riz rouge bio de Camargue comme un riz pilaf et stockez-le au réfrigérateur. Pelez la ciboulette, séparez la partie blanche de la partie verte, et ciselez-les très finement. Épluchez et taillez en fines lamelles les navets et les carottes. Taillez le ½ brocoli en sommités et mettez-les à cuire dans de l'eau salée pendant 5 min. Laissez-les rafraîchir et égouttez-les bien. Coupez le tofu en petits dés. Conservez le tout en attente séparément. Mettez l'huile à chauffer dans un wok ou dans une poêle jusqu'à ce qu'elle fume. Faites revenir le tofu, puis ajoutez le reste des légumes pendant 3 min. Ajoutez le riz rouge et remuez d'une manière permanente pendant environ 3 min. Déglacez le tout avec la sauce soja.

Dressage

Ajoutez le blanc de ciboulette, les pousses de soja et parsemez de coriandre fraîche et de ciboulette verte au moment de servir.

SUD-OUEST

Michel Sarran

LE HARICOT

tarbais

Léger, beurré à souhait, fondant en bouche : cet ex haricot du pauvre n'a pas attendu d'être hissé au rang de haricot culte pour faire partie du panthéon culinaire de Michel Sarran. Arrivé du Nouveau Monde dans le cabas de Catherine de Médicis, il va être uni à une belle plante venue, comme lui, des Amériques : le maïs. Le haricot grimpeur enlace les hampes de sa blonde dont il se sert de tuteur. Dès lors, les paysans prendront l'habitude de semer un grain de haricot entre deux jambes de maïs. La lune de miel va durer plus de trois cents ans, ce « haricot de maïs » devenant manne quotidienne du Sud-Ouest.

L'IMPÉRIEUX DU CASSOULET

On le cuisine en garbure avec du chou, à la fortune du potager et du saloir. On le sert aussi avec des pieds de porc aux vendanges, en ragoût de mouton lors des battages. Et, bien évidemment, il est l'impérieux du cassoulet. Mais l'introduction dans les années 1950 des maïs hybrides et des pesticides a désuni les deux amants, et à peine maïs et haricots ont-ils encore quelques étreintes furtives en marge des potagers. En 1986, un quarteron de Cyrano au nez fin décide d'en relancer la culture et d'en vanter les charmes à l'aristocratie des pianos. Plus de 300 lettres et aumônières renfermant la précieuse fève sont envoyées aux meilleures toques de l'époque. C'est le grand retour du tarbais. Ce tendre à cuire, dont la peau extrafine ne colle pas à la graine, laissant arômes et saveurs la pénétrer à cœur, reconquiert ses terres.

LE CHEF EN PARLE

Il fait partie de mon ADN haut-pyrénéen. Je suis fils d'agriculteurs. On en faisait pousser à la maison. On le mangeait frais fin août, début septembre, puis on le faisait sécher pour l'hiver. Dans la cuisine de ma mère, on le retrouvait souvent. On peut le faire avec un ris de veau, le marier avec de l'olive, de la tapenade, du foie gras… et même du sucré. C'est un support qui accepte toutes les associations de saveurs. Un jour, lors d'un voyage au Japon, j'ai assisté à une cérémonie du thé où l'on m'a servi une pâte d'azuki au haricot rouge. Cela m'a donné l'envie de le travailler en dessert. C'est le point de départ de cette recette. Un peu comme un riz au lait, je l'ai fait cuire dans du lait de coco et du vieux rhum. Le goût m'a plu. J'en ai fait un nuage émulsionné au siphon. Et, pour rester dans l'esprit de mon Sud-Ouest, j'ai accommodé cette mousse de haricot avec de la gelée de piment d'Espelette. Par petites touches, c'est un peu vif quand même, mais ça réveille le palais. Je l'ai accompagnée d'éclats et d'une glace de marron glacé, la châtaigne, autre produit bien de chez nous, se mariant très bien avec lui. Et, ce qui est formidable avec notre tarbais, c'est qu'il est très peu farineux. Même en mousse, en purée, son léger grain vient tapisser le palais. Mais, attention, c'est un délicat. Il ne supporte pas d'être brusqué. Il demande une cuisson extra douce, au risque de faire éclater sa peau très fine. Et, personnellement, je ne suis pas d'accord avec le principe voulant qu'il ne faille pas saler son eau ou son bouillon de cuisson. Comme pour tout aliment, si on ne met pas de sel au départ, on n'arrivera pas à en assaisonner l'intérieur, la chair. Pour en faire une purée, une mousse, ça n'est pas gênant, un assaisonnement a posteriori suffira. Mais si on veut le manger entier, je conseille de saler a minima son liquide de cuisson et de le laisser légèrement craquant, avec un peu de maintien sous la dent.

Michel Sarran

ÉMULSION DE HARICOTS TARBAIS

au vieux rhum

POUR 4 PERSONNES

PRÉPARATION : 20 MIN
CUISSON : 2 H
REPOS : 12 H 20

- 80 g de haricots tarbais secs
- 25 g de marrons glacés
- 25 g de pâte de marron
- 41 cl de lait de coco
- 27 cl de crème liquide
- 7 ml de vieux rhum
- 12 g de pâte de coing
- 10 g de gelée de piment d'Espelette
- Cacao en poudre

La veille, mettez les haricots à tremper dans de l'eau tiède. Le jour même, mixez les marrons glacés, la pâte de marrons et 10 cl de lait de coco. Mettez à congeler dans un bol à Pacojet® ou en sorbetière. Faites cuire les haricots dans 20 cl de lait de coco pendant environ 2 h, mixez, tamisez. Mélangez au fouet 55 g de cette purée avec 11 cl de lait de coco, la crème et le rhum. Mettez dans un siphon. Laissez reposer 20 min.

Dressage

Au moment de servir, garnissez les bols de l'émulsion de tarbais et déposez-y une boule de glace coco-marron. Parsemez de brisures de marrons glacés, de petits morceaux de pâte de coing et de gelée de piment d'Espelette, et saupoudrez de cacao.

Jessica Préalpato

LA PÊCHE

du Tarn-et-Garonne

Sa peau duveteuse, ses coloris ensoleillés, son parfum fruité, sa chair juteuse et sa saveur à la fois sucrée et acidulée en font l'un des fruits les plus désirables de l'été. Sans compter sa richesse en vitamines C et E, en provitamine A, mais aussi en sélénium et en bêta-carotène. Tant de vertus exigent de la délicatesse : on la cueille à la main entre juin et septembre. Elle devient star incontournable en 1894 lorsque Auguste Escoffier l'utilise au restaurant de l'hôtel Savoy de Londres, pour créer l'un de ses plus célèbres desserts, la pêche Melba : une timbale de pêches blanches pochées au sirop vanillé, dressées sur une glace vanille et nappées de purée de framboises fraîches et d'un léger voile de sucre filé.

LE VRAI GOÛT DU FRUIT

Aujourd'hui, il existe plus de 300 variétés de pêches en France : jaunes, blanches, plates, pêches de vigne… mais aussi brugnons et nectarines, ces deux derniers étant des mutations naturelles de la pêche. Si le gros de la production française se concentre sous le soleil du Sud-Est (Rhône-Alpes, Paca, Languedoc-Roussillon), c'est dans le Tarn-et-Garonne que nous entraîne notre invitée du jour, Jessica Préalpato, élue meilleure chef pâtissier du monde par le World's 50 Best Restaurants. Au Plaza Athénée, elle travaille les pêches de Yannick Colombié, fournisseur officiel de tables étoilées. Après avoir repris la petite exploitation familiale à Lizac, le producteur, qui a démarré sur les marchés en aidant sa grand-mère, a vite compris que les meilleurs fruits étaient ceux qui étaient ramassés à maturité, quitte à les vendre abîmés ou à perdre une partie de sa production tombée de l'arbre. Son conseil : choisissez des fruits brillants, signe de fraîcheur.

LA CHEFFE EN PARLE

Je suis folle de pêches ! Durant mon enfance dans les Landes, nous en mangions énormément. Ma mère les préparait de façon simple : au sirop ou bien rôties au four avec du miel, et déposées sur du pain perdu. Bien sûr, je préfère la pêche mûre - sinon elle se détache difficilement du noyau. Mais même encore verte, son goût est intéressant : je la coupe alors en lanières très fines qui apportent une dimension végétale au dessert. Contrairement aux pommes, poires et agrumes hivernaux, la pêche, l'abricot et la figue sont des fruits sur lesquels je travaille très peu dans mes créations afin de ne pas les dénaturer. Je préfère me concentrer sur les condiments et les sauces, comme dans la recette que je vous propose. Elle reflète bien ma façon de travailler : très peu de sucre, pas de crème, le fruit cuisiné de différentes façons mais toujours simplement pour ne pas masquer sa saveur, un condiment herbacé salé… Je mets du sel dans quasiment tous mes desserts pour leur donner du caractère. J'ai mis en place trois associations autour de la pêche : une avec de la bière ambrée et des fleurs de houblon, une autre avec des nectarines et du mélilot, une enfin avec un pistou d'oseille. La pêche se marie parfaitement avec les herbes fraîches et les céréales et se révèle délicieuse cuite au barbecue. Mais surtout, ne la mettez pas au frigo.

Jessica Préalpato

PÊCHES, HERBES PILÉES

et tuiles de céréales

POUR 6 PERSONNES

PRÉPARATION : 45 MIN
CUISSON : 25 MIN
REPOS : 4 H

PÊCHES
- 8 pêches jaunes
- 50 g de miel
- 10 g de beurre
- Huile d'olive
- Jus de citron vert

PESTO D'HERBES
- 1 botte de basilic
- 1 botte d'estragon
- 3-4 c. à s. de jus de citron jaune
- 4-5 c. à s. d'huile d'olive
- 3-4 c. à s. de poudre d'amande
- Sel
- Poivre

PÊCHES

Taillez 24 lanières très fines dans une pêche et mettez-les sur une plaque au congélateur pendant 3-4 h. Taillez 24 nouvelles lanières de pêches (8 quartiers par fruit, soit 3 pêches) à servir fraîches, et réservez-les à température ambiante. Taillez 24 autres lanières de pêches (6 quartiers par fruit, soit 4 pêches), à rôtir. Faites chauffer dans une poêle le miel, le beurre, l'huile d'olive et le jus de citron vert. Faites mousser puis ajoutez les pêches. Augmentez la température de cuisson et colorez les lanières de chaque côté tout en arrosant les pêches avec le jus de cuisson.

PESTO D'HERBES

Pilez les herbes au mortier, au mixeur ou au mixeur plongeur, avec le jus de citron. Ajoutez le sel, le poivre et l'huile d'olive. Mixez et terminez par la poudre d'amande pour lier le tout. Conservez au frais dans un contenant opaque ou fermé à l'aide d'aluminium afin que le pesto ne noircisse pas.

Suite de la recette, page suivante

Jessica Préalpato

TUILES DE CÉRÉALES

- 50 g de sirop (40 g d'eau, 40 g de sucre semoule)
- 140 g de céréales (orge, avoine, tournesol, courge, kasha)
- 2 g de farine
- Poivre

SORBET PÊCHE DE VIGNE

- 600 g de pêches de vigne bien mûres
- 400 g d'eau
- 90 g de sucre muscovado
- 50 g de glucose atomisé
- 30 g de jus de citron jaune

TUILES DE CÉRÉALES

Portez l'eau et le sucre à ébullition, puis refroidissez totalement le sirop. Torréfiez les céréales doucement à la poêle. Mélangez le sirop, les céréales, la farine et un peu de poivre, et étalez sur une toile de cuisson en silicone graissée. Faites cuire à 175 °C (th. 6) pendant 15 min et refroidissez.

SORBET PÊCHE DE VIGNE

Mixez les pêches de vigne avec la peau ; réservez. Chauffez l'eau, le sucre et le glucose atomisé. Portez à ébullition puis refroidissez. Versez l'eau sur la purée de pêches et le jus de citron. Mixez et turbinez.

Dressage

Déposez le pesto d'herbes au fond de l'assiette. Dressez dessus les différentes pêches : les rôties, les congelées et les fraîches (préalablement assaisonnées avec un mélange d'huile d'olive, de jus de citron vert et de miel). Dressez une quenelle de sorbet. Déposez les tuiles de céréales par-dessus et dégustez.

Julien Duboué

LE PIMENT

d'Espelette

Trop d'assiettes moyennes et de sinistres ardoises de charcuterie défilent ornées de cette pincée décorative de poudre rouge, stéréotypée et, surtout, parfaitement inutile. C'est faire injure au réel intérêt gustatif de ce produit, remarquable exhausteur de goût, assez racé pour fouetter le plat qu'il accompagne mais sans en ruiner les arômes par sa puissance. Inventée en 1912 par le pharmacologue qui lui a donné son nom, l'échelle de Scoville, mesurant la force des piments, le classe quelque part entre la neutralité du poivron et le feu brûlant de son cousin habanero. Le piment s'est installé dans les foyers, cultivé par tout un chacun, récolté bien mûr, suspendu au soleil, en grappes, sur les murs des maisons, avant d'être passé au four à pain puis pilonné.

AOP DEPUIS 2002

Un strict cahier des charges encadre la fabrication de l'épice, la seule en France bénéficiant de l'Appellation d'origine protégée, l'extension européenne de l'AOC tricolore. L'aire de production se limite à dix communes de la partie occidentale du Pays basque : Espelette bien sûr, mais aussi Ainhoa, Cambo-les-Bains, Halsou, Itxassou, Jatxou, Larressore, Souraïde et Ustaritz. Toutes sont situées dans un rayon de dix kilomètres, entre océan et collines, là où le climat humide et doux est favorable à l'essor de la plante. Mais la zone tout entière en profite et l'on ne compte plus les enseignes dédiées au piment d'Espelette, décliné à l'envi, de la purée à l'huile en passant par le beurre, les sablés ou la moutarde. Le culte des traditions persiste à travers la fête du Piment, créée en 1967 par Michel Darraïdou, alors président du Syndicat d'initiative du village. Un demi-siècle plus tard, celle-ci s'est muée en un événement touristique incontournable qui se tient chaque dernier week-end d'octobre.

LE CHEF EN PARLE

Chez nous, dans les Landes, il y avait toujours une poudre qui traînait dans la cuisine. Nous avions un rang qui lui était dédié dans le jardin. Et puis, quand nous avons agrandi ce dernier avec mes parents, nous avons planté notre propre piment d'Espelette. Nous en produisons depuis quinze ans environ. C'est plutôt facile d'entretien, plus que la tomate par exemple. En tout, nous cultivons une dizaine de piments différents : le guindillas, le padron, les poivrons jaune, vert et rouge, le piment long doux des Landes… Je récupère des graines au Pays basque ou en Espagne et je fais des échanges. Le piment d'Espelette, c'est notre poivre. C'est devenu un assaisonnement à part entière qui a pris une place énorme. C'est une superbe épice, chose que nous ne produisons pas beaucoup en France. Et elle n'est pas donnée : c'est la plus chère ici, après le safran. Dans beaucoup de restaurants parisiens, ils ne l'utilisent que sur le poisson mais nous en mettons partout. Dans les farces, les piperades, la sauce tomate, les sautés de veau, sur la volaille, les poissons crus, en infusion dans le lait… Nous l'utilisons dans 90 % de nos assiettes. Il se prête particulièrement bien à la recette que je vous propose.
Le txilindron est moins connu que l'axoa, mais excellent aussi. J'utilise de l'agneau de lait du Pays basque que je marque et fais confire avec les échalotes. Ensuite, je déglace au vinaigre pour ajouter de l'acidité et casser un peu le gras de l'agneau, le tout relevé par les tonalités qu'apporte le piment d'Espelette.

Julien Duboué

TXILINDRON D'AGNEAU

aux piquillos et piment d'Espelette

POUR 4 PERSONNES

PRÉPARATION : 30 MIN
CUISSON : 1 H 15

- 1,5 kg d'épaule d'agneau de lait du Pays basque taillée en morceaux
- 100 g d'échalotes
- 50 g d'ail frais
- ½ c. à c. de sel
- 2 pincées de piment d'Espelette
- 40 g de vinaigre de Xérès
- 1,5 c. à s. de vinaigre balsamique
- 20 cl de vin blanc sec
- 2 pincées de thym haché
- 2 pincées de romarin haché
- 300 g de piquillos en conserve
- 200 g de petits pois
- Huile d'olive

Dans une cocotte en fonte, faites bien colorer les morceaux d'agneau avec les os, en les marquant mais sans les brûler. Faites revenir dans une poêle à part les échalotes et l'ail émincés. Une fois dorés, ajoutez-les à l'agneau avec le sel, le piment d'Espelette, les deux vinaigres, le vin blanc, le thym et le romarin. Faites cuire à feux doux pendant 1 h, en remuant constamment pour éviter que la viande n'accroche. Au bout de 45 min, ajoutez les piquillos taillés en lanières. Le txilindron est cuit lorsque la viande est tendre et se détache légèrement de l'os. Au dernier moment, ajoutez les petits pois cuits à la vapeur pendant 4 min. Dégustez.

Michel Guérard

LA POITRINE DE VOLAILLE

des Landes

Introduite par les Espagnols au VIIIe siècle, la production de volaille des Landes s'est développée jusqu'à ce que les volatiles obtiennent, en 1965, le premier Label Rouge de France associé depuis 1998 à l'Indication Géographique Protégée (I.G.P). Aujourd'hui, le département des Landes constitue, en termes d'ampleur, le deuxième bassin de production Label Rouge avec 14,5 millions de volailles pour 600 éleveurs.

LOGÉES EN MARENSINES

Poulets, chapons, poulardes, dindes, pintades ou cailles… Les volailles des Landes vivent dans le plus grand massif forestier d'Europe, en liberté parmi les pins. Un système de cabanes mobiles et intégrées au paysage, les Marensines, permet d'accueillir les lots de volaille mais aussi d'abriter nourriture et eau, afin de leur permettre une certaine autonomie. Pensés dans le respect de leur environnement, les bâtiments sont déplacés en fonction de la saison afin de ne pas entraver la repousse de l'herbe. Les volailles des Landes sont élevées pendant 81 jours minimum et exclusivement nourries aux matières végétales, dont 80 % de maïs des Landes, ce qui confère à leur chair une jolie couleur jaune et un goût prononcé. Très peu calorique, leur viande se cuisine rôtie comme sautée, braisée, en papillote, à la vapeur ou bien grillée, sans besoin d'y apporter du gras. Riche en vitamines, calcium, phosphore et magnésium, le poulet est un excellent choix, avec son faible apport en lipides et sa haute teneur en protéines.

LE CHEF EN PARLE

Mon morceau de prédilection dans le poulet – cou-nu landais de préférence –, lorsqu'il est rôti, c'est le « gras de cuisse », croustillant, moelleux, goûteux, arrosé d'un peu de jus de la lèche-frite, accompagné de pommes de terre émincées en copeaux, sautées et rissolées, à la bonne graisse de canard. J'aime moins, vous l'aurez compris, l'aile, souvent sèche comme une toux d'asthmatique. Aussi, je pris, un jour, la décision charitable de l'arracher au ghetto des mal-aimés, en la nourrissant, sous la peau, d'une odorante tranche de ventrêche de cochon et en la gavant, en son for intérieur, d'un candide mélange de fromage blanc et de foie gras. Ainsi bichonnée, pomponnée, rôtie doucement à la cheminée, réapparaît-elle, depuis 1995, sur le devant de la scène, fière comme Sarah Bernhardt en ses grands jours et atours.

Michel Guérard

POITRINE DE VOLAILLE DES LANDES

cuisinée au lard sur la braise

POUR 4 PERSONNES

PRÉPARATION : 45 MIN
CUISSON : 40 MIN
REPOS : 1 H

- 2 poulets des Landes de 1,6 kg à 1,8 kg vidés
- 4 tranches fines de lard fumé
- 2 c. à s. de persil frais
- 1 c. à s. d'estragon
- 80 g de Boursin® au poivre
- 20 g de fromage blanc à 40 % de M.G.
- 80 g de foie gras cuit
- 1 pincée de poivre mignonnette
- 2 feuilles de laurier
- 2 branches de romarin
- 1 c. à s. d'huile d'olive
- 20 cl de jus de volaille
- 4 quartiers de citron confit (facultatif)

VOLAILLE

Sortez la volaille du réfrigérateur 30 min avant de commencer la recette. Posez la volaille sur le ventre. Ôtez les pattes et coupez les ailerons à la jointure. Ôtez le croupion et le cou. Pratiquez au couteau deux entailles tout le long de la colonne vertébrale, de chaque côté des cuisses, afin de décoller la peau de celles-ci, laquelle servira à emmailloter, par la suite, la poitrine de volaille. Déboîtez les cuisses en les sectionnant à la jointure, afin de pouvoir les retirer sans dommage. Retournez la volaille sur le dos, puis découpez à l'aide de ciseaux la carcasse de volaille tout le long du côté de chaque blanc. Ôtez le jabot à l'aide d'un papier absorbant. Ôtez l'os à vœux. Séparez les deux suprêmes l'un de l'autre le long du bréchet, en les découpant sur toute leur longueur. Ôtez le bréchet. Les os de la cage thoracique doivent rester solidaires de chaque suprême de volaille.
Décollez délicatement la peau du suprême à la main et glissez 1 tranche de lard fumé entre la peau et la chair de la volaille. Enfin, ouvrez au couteau les blancs de volaille en portefeuille, à mi-profondeur, entre le blanc et l'aiguillette afin de les farcir. Procédez de la même façon pour le second poulet.

Suite de la recette, page suivante

Michel Guérard

FARCE

Lavez, effeuillez et ciselez le persil et l'estragon. Mélangez le Boursin® avec le fromage blanc, le persil et l'estragon. Taillez le foie gras en bâtonnets de 0,5 cm d'épaisseur. Salez les poitrines. Tartinez la partie centrale de chaque face intérieure de la poitrine de volaille d'une fine couche de farce. Déposez les bâtonnets de foie gras dessus, sur toute la longueur de l'aile ouverte en deux. Repliez l'aile de volaille sur elle-même. Utilisez la peau de la cuisse pour l'emmailloter parfaitement. Coupez l'excédent de peau de la cuisse si nécessaire. Refermez-la en la piquant de trois cure-dents en bois. Mettez les ailes ainsi parées à mariner, dans un plat creux, avec du poivre mignonnette, le laurier, le romarin et l'huile d'olive pendant 1 h environ.

CUISSON

Faites cuire les poitrines de volaille sur le gril dans la cheminée. Retirez-les lorsque la température à cœur atteint 49-50 °C, sur la sonde. Laissez-les reposer pendant 20 min sur le côté du gril, recouvertes de papier d'aluminium ou d'un couvercle adéquat et surveillez la température.

Dressage

Enlevez les cure-dents. Passez une lame de couteau entre la chair du suprême et les os restants, et ôtez ces derniers. Tranchez les suprêmes de volaille en jolis médaillons et dressez-les sur des assiettes chaudes. Nappez-les d'un peu de jus de volaille à l'aide d'une cuillère. Ajoutez le citron confit et un petit bouquet de laurier et romarin.

Pierre Rigothier

LE PORC BASQUE

Ses représentants grognent en plein air au Pays basque, plus volontiers dans l'altière vallée des Aldudes où ils s'ébattent en semi-liberté. On les reconnaît facilement : ils ont une tête noire comme s'ils portaient un passe-montagne dont dépasseraient des oreilles de cocker, et un corps dodu à dominante rose qui se termine par un arrière-train noir.

RACES RUSTIQUES

Le porc basque fait partie des races dites rustiques, comme ses cousins gascons, corses ou limousins. Il était recherché dès le Moyen Âge pour ses qualités gustatives. Sa chair rouge foncé se prête à merveille à toutes les fantaisies que l'humain a inventées pour apprêter ses congénères. Le kintoa est aussi à l'aise rôti, tout nu ou avec une garniture végétale qu'en jambon, en saucisse, en tripes ou en chichon, les rillettes locales. À présent que le porc se fait une place dans les meilleures assiettes, pour peu qu'il soit de noble extraction, il serait dommage de ne pas goûter à la force basque pour tordre le cou, une bonne fois pour toutes, aux idées reçues concernant l'animal à queue en tire-bouchon.

LE CHEF EN PARLE

Je me fournis chez Pierre Oteiza. Il élevait des cochons «ordinaires» jusqu'au jour où il a découvert cette race, qui s'était raréfiée dans les Pyrénées. Il en a acheté quelques-uns et les a réintroduits dans la vallée. Depuis, d'autres l'ont imité. Pierre Oteiza a bâti un séchoir à jambons dans lequel il recrée les saisons pour un résultat de premier choix ; nombre d'éleveurs l'utilisent. Les kintoa grandissent en semi-liberté, sur de grandes étendues. Ils se nourrissent de ce que le terroir leur offre, et le terroir est vraiment généreux là-haut. Ce cochon rose tacheté de noir se rapproche des races ibériques. Sa chair est très savoureuse. Personnellement, j'aime travailler l'échine, la partie qui se situe entre le cou et la queue. Le gras du kintoa ne se présente pas en couche épaisse par-dessus la chair, il est bien réparti, ce qui donne une viande pas du tout sèche. Le cochon est aujourd'hui un produit apprécié. Grâce aux progrès sanitaires, on a appris à le déguster rosé, et non plus surcuit comme à l'époque où l'on se méfiait des parasites. Dans la recette que je vous donne, l'amertume de l'endive et le sucré de l'orange «cassent» le gras de la viande. Je privilégie la cuisson sous vide, plus homogène, associée à une cuisson traditionnelle pour colorer la pièce et former une croûte. À défaut d'équipement adéquat, on peut colorer la viande à la poêle avec un peu d'huile, puis la mettre au four traditionnel à 120 ou 140 °C (th. 4/5) le temps nécessaire, selon la grosseur. Puis, on la laisse reposer quelques minutes et on la repasse à la poêle juste avant de servir.

Pierre Rigothier

ÉCHINE DE PORC KINTOA

endives, orange sanguine

POUR 10 PERSONNES

PRÉPARATION : 45 MIN
CUISSON : 3 H
REPOS : 12 H

ÉCHINE

- 3 kg d'échine de porc kintoa de Pierre Oteiza
- 500 g d'oignons
- Beurre
- Thym
- Ail
- Huile d'olive
- Fleur de sel
- Poivre mignonnette

JUS DE COCHON

- 600 g de parures
- 150 g de beurre
- 200 g d'oignons
- 50 g d'ail
- 500 g de fond blanc
- 100 g de gelée de pied de veau (voir p. 279)

ÉCHINE

Faites cuire les oignons en compotée en cocotte avec le beurre, le thym et l'ail. Parez l'échine, puis roulez dans un film plastique pour conserver la forme et portionnez à 250 g par personne. Assaisonnez chaque face avec fleur de sel et poivre mignonnette. Pressez légèrement une nuit puis assaisonnez avec la compotée. Faites cuire sous vide en individuelle à 62 °C pendant 1 h 30 (lire aussi « Le chef en parle »). Réchauffez à l'envoi, retirez les oignons, saisissez avec un trait d'huile, puis beurre, ail et thym. Retirez la viande, dégraissez, ajoutez les oignons et un trait de jus. Tranchez l'échine. Assaisonnez avec de la fleur de sel et du poivre mignonnette.

JUS DE COCHON

Colorez les parures avec le beurre, puis ajoutez les oignons et l'ail. Lorsque les oignons sont colorés, dégraissez et conservez la graisse. Déglacez avec le fond blanc et réduisez à sec pour que les sucs reprennent dans le fond du sautoir. Recommencez le processus deux fois puis mouillez à peine à hauteur avec du fond blanc et la gelée de pied de veau. Mettez à cuire pendant 1 h, passez au chinois et laissez réduire.

Suite de la recette, page suivante

Pierre Rigothier

ENDIVES

- 10 endives
- 500 g de jus d'orange sanguine
- Fleur de sel
- Piment d'Espelette
- 50 g de beurre

PURÉE D'HERBES

- 1 botte de coriandre
- 1 botte de cerfeuil
- 1 botte de persil
- 1 botte de ciboulette
- Beurre

FINITION

- 200 g d'orange sanguine
- ½ bouquet d'oseille veinée rouge

ENDIVES

Placez tous les ingrédients en poche sous vide et mettez à cuire 25 min dans un four vapeur à 92 °C (th. 3). Coupez les endives en deux et colorez-les doucement au beurre.

PURÉE D'HERBES

Lavez les herbes, blanchissez-les rapidement, égouttez, pressez en conservant le jus afin de corriger la texture, mixez les herbes avec 20 % de leur poids en beurre.

Finition

Levez les segments de l'orange, conservez-les dans leur jus. Disposez-les sur l'assiette à votre convenance, avec quelques feuilles d'oseille veinée rouge.

Jean Coussau

LE SAUMON

de l'Adour

Peu connu pour son saumon sauvage, l'Hexagone n'a pourtant pas à rougir de son terroir en la matière. L'Adour, fleuve du sud-ouest de la France, prend sa source dans les Pyrénées et se jette dans l'océan Atlantique ; mais surtout, c'est le terrain de jeu d'un poisson exceptionnel : le saumon de l'Adour. Dès le printemps, les spécimens le remontent dans le but de se reproduire dans les cours d'eau pyrénéens où ils sont nés. L'exercice rend leur chair peu grasse et musclée, très agréable à la consommation. Emblème de la bonne santé des rivières où il évolue, le saumon de l'Adour est, en France, le seul de son espèce à pouvoir être pêché (au filet et de la mi-mars à la fin juillet uniquement) et commercialisé.

UNE PRODUCTION LOCALE

La Maison Barthouil fume du saumon de l'Adour depuis les années 1930. Les produits utilisés dans le processus de fumage sont locaux : le saumon est fumé pendant 20 heures avec du bois d'aulne, lequel pousse au bord de l'Adour, et le sel vient de Salies-de-Béarn, petite commune des Pyrénées-Atlantiques. La technique de fumage emprunte au savoir danois : accroché par la queue en position verticale, le saumon est fumé d'après une méthode longue qui fait ressortir son goût grâce à une fumée fine qui valorise sa saveur sans la dénaturer, avant d'être tranché à la main. Pauline Barthouil, responsable commerciale de la maison, explique que « c'est un produit hors-norme depuis toujours. On sait par exemple que Louis XIV se faisait livrer du saumon de l'Adour. C'est un saumon assez incroyable. Son goût est très fin et complexe ; sa chair est sportive, avec une texture fondante ».

LE CHEF EN PARLE

Dans les années 1920, les pêcheurs de l'Adour faisaient des coups de filets de 80 saumons. Puis, petit à petit, il a complètement disparu. Grâce non seulement à la volonté d'hommes persévérants et tenaces, qui ont beaucoup agi pour dépolluer l'Adour et éviter le braconnage mais surtout grâce à l'échelle à saumons de Sorde-l'Abbaye, la rivière s'est progressivement repeuplée. Le temps de pêche très court, d'environ 2 mois et demi, permet de capturer quelques pièces et de découvrir un produit qui avait été galvaudé. Une préparation très simple met en valeur une chair fondante, parfumée et non grasse.

Jean Coussau

SAUMON DE L'ADOUR

simplement grillé, sauce béarnaise

POUR 4 PERSONNES

PRÉPARATION : 40 MIN
CUISSON : 10 MIN

- 4 belles darnes de saumon sauvage de l'Adour
- 20 cl d'huile d'olive
- 40 g de beurre

SAUCE BÉARNAISE

- 2 échalotes
- 2 bottes d'estragon
- 10 g de beurre
- 20 g de poivre mignonnette
- 10 cl de vin blanc
- 10 cl de vinaigre blanc d'alcool
- 6 jaunes d'œufs
- 10 cl d'eau
- 150 g de beurre clarifié (voir p. 277)
- Sel
- Poivre

SAUCE BÉARNAISE

Pelez et ciselez les échalotes. Hachez grossièrement les feuilles d'estragon en veillant à conserver les sommités au frais pour la finition de la sauce. Dans une sauteuse, faites revenir l'échalote ciselée dans le beurre. Ajoutez l'estragon haché, puis le poivre mignonnette. Mouillez avec le vin blanc et le vinaigre. Laissez réduire pratiquement à sec.

Mettez les jaunes d'œufs dans une petite casserole avec la réduction. Ajoutez l'eau et fouettez au-dessus d'un bain-marie pour monter la sauce au ruban. Incorporez le beurre clarifié à la sauce et rectifiez l'assaisonnement. Passez le tout au chinois étamine.

Hachez finement les sommités d'estragon réservées et incorporez-les. Réservez au chaud.

CUISSON DU SAUMON

Préchauffez le four à 180 °C (th. 6). Badigeonnez les darnes de saumon d'huile d'olive à l'aide d'un pinceau, puis déposez-les sur un gril afin de les marquer sans les ferrer. Mettez les darnes sur une plaque allant au four et déposez une petite noix de beurre sur chacune d'elles. Enfournez et terminez la cuisson pendant 2-3 min dans un four à 180 °C (th. 6).

Dressage

Servez la darne simplement avec une grosse cuillerée de sauce béarnaise chaude. Servez ce plat avec du riz safrané.

NORD-OUEST

Nicolas Carro

LA BARBUE

bretonne

La barbue est un poisson plat qui s'ébat sur les fonds sableux et considère imperturbablement le monde qui l'entoure en contre-plongée, comme un cinéaste limité qui se prendrait pour Orson Welles. La forme particulière de sa nageoire dorsale, qui descend très avant au-dessus du nez, lui vaut cette appellation. On confond souvent la barbue avec le turbot. L'observateur averti remarquera que la forme du second se rapproche davantage du losange (la barbue est ovale), et que sa peau est ornée de tubercules osseux, contrairement à celle de la barbue, plus lisse et de couleur tirant davantage sur le kaki. La chair de la barbue est moins ferme que celle du turbot, mais son goût est tout aussi exquis.

DE BELLES ASSIETTES FOUETTÉES PAR L'EMBRUN

Il est, à l'orée de la merveilleuse baie de Morlaix dans le Finistère, un restaurant enchanteur, sis au premier niveau de l'Hôtel de Carantec. Le chef doublement étoilé Patrick Jeffroy y a longtemps dispensé une grande cuisine farouchement ancrée dans sa Bretagne. Il a passé la main à un petit gars du pays, Nicolas Carro, fin 2019. Il ne faudra pas manquer d'aller goûter, dès que possible, ses belles assiettes fouettées par l'embrun et notamment sa barbue, un poisson qu'il affectionne tout particulièrement, et que les pêcheurs cueillent entre les îlets de la baie.

LE CHEF EN PARLE

La barbue et le turbot sont deux poissons nobles, bien connus en Bretagne. Ils se ressemblent beaucoup, mais n'ont pas tout à fait la même forme. La chair de la première est plus moelleuse que celle du second, elle s'effiloche parfaitement. J'aime son côté onctueux, le jus iodé qui explose dans la bouche. Si la texture de l'une est légèrement différente de la texture de l'autre, au goût, il est très difficile de distinguer barbue et turbot. Ce dernier est généralement plus connu et plus coté, il fait partie des poissons de luxe incontournables pour beaucoup de grandes tables. Par conséquent, la barbue présente l'avantage d'être moins chère : à Carantec, on la trouve à 14 ou 15 euros le kilo. Je suis breton pur sucre mais j'ai découvert la préparation de la barbue… dans le Bordelais, quand je travaillais avec le chef Jean-Luc Rocha, Meilleur Ouvrier de France, au château Cordeillan-Bages. Il est d'origine portugaise, alors on préparait ce poisson avec beaucoup d'huile d'olive et d'échalotes, de l'artichaut, des tomates et des olives, comme un petit ragoût. C'était très bon. Mais ici, je cuisine la barbue assez simplement. Je la sers nacrée : j'aime voir l'arc-en-ciel à la découpe. J'ai conçu un jus corsé que je prépare avec les arêtes : je les fais d'abord colorer, ce n'est pas très orthodoxe mais ça permet d'obtenir un goût plus puissant. Puis je verse du vin blanc pour un fumet. Je cuis la barbue à la vapeur pour préserver son moelleux, ne pas brusquer la chair. Attention : comme pour tous les poissons, cela va très vite, elle prend la température et il faut arrêter la cuisson au bon moment. Je garde les barbillons pour les amuse-bouches. Les joues sont aussi délicieuses.

Nicolas Carro

BARBUE NACRÉE CRÈME CORSÉE AU VIN JAUNE

épinard et pak-choï tombés au beurre noisette

POUR 10 PERSONNES

PRÉPARATION : 30 MIN
CUISSON : 1 H 15
REPOS : 15 MIN

BARBUE
- 1 barbue de 3 à 4 kg
- Saumure liquide à 10 % de sel (voir p. 279)

CRÈME CORSÉE
- La carcasse de la barbue
- 2 têtes d'ail
- 2 échalotes
- 10 champignons de Paris
- 25 cl de vin blanc
- 50 cl de crème fraîche
- 1 trait de vin jaune

GARNITURE
- 800 g d'épinards
- 350 g d'ail des ours
- 10 pièces de pak-choï
- 20 g d'huile d'olive

BARBUE

Levez les filets, levez la peau puis saumurez 10 à 15 min. Faites cuire à cœur à la vapeur, de 6 à 8 min.

CRÈME CORSÉE

Torréfiez la carcasse au four à 200 °C (th. 7) avec les têtes d'ail taillées en deux pendant 30 min, jusqu'à obtenir une coloration prononcée. Déglacez avec le vin blanc et prélevez tous les sucs. Faites suer la garniture aromatique émincée, ajoutez la carcasse et le vin blanc puis mouillez à hauteur. Laissez cuire 30 min. Passez le fumet, réduisez d'un tiers, puis mouillez avec la même quantité de crème. Réduisez de moitié, passez et assaisonnez avec le vin jaune.

GARNITURE

Faites tomber les feuilles d'épinard au beurre avec 2 feuilles d'ail des ours. Tombez les feuilles de pak-choï sous la salamandre avec un filet d'huile d'olive.

- 50 g de beurre demi-sel

PURÉE D'HERBES
- Herbes aromatiques ou vert de poireau

TUILES DENTELLES VÉGÉTALES
- 400 g d'eau de cuisson végétale
- 100 g d'huile neutre
- 50 g de farine

PURÉE D'HERBES

Blanchissez les herbes ou le vert de poireau dans une eau bouillante salée, glacez. Mixez au thermomix®, puis placez en bol Pacojet® (à défaut, utilisez une sorbetière). Pacossez trois fois, afin d'obtenir une purée lisse et onctueuse.

TUILES DENTELLES VÉGÉTALES

Mélangez tous les ingrédients puis faites-les cuire sur une poêle antiadhésive.

Dressage

Tirez au pinceau un trait de purée d'herbes. Disposez une feuille de pak-choï au fond de l'assiette, puis l'épinards, puis une seconde feuille de chou. Dressez le poisson sur la garniture, puis versez généreusement le fumet émulsionné. Disposez une tuile de pain dans l'assiette et décorez avec les fleurs disponibles.

Guy Savoy

LA BONNOTTE

de Noirmoutier

Cette sans prétention qui, plus qu'à son tour, a sauvé les peuples de la famine n'a pas fini d'alimenter les chroniques de la gastronomie. Le débat a fait rage dès son introduction en Europe au XVIe siècle, certains voyant dans cette Andine une pourvoyeuse de lèpre, tout juste bonne à nourrir les cochons. D'autres, tel Antoine Augustin Parmentier, pharmacien en chef de l'hospice des Invalides, y entrevoyant le remède suprême à nos soubresauts alimentaires, une racine capable de sauver le monde. Il a été nécessaire que cette étrangère prenne place à la table de Louis XVI pour devenir mets de roi.

UN GOÛT DE CHÂTAIGNE

Dans ce petit écrin vendéen qu'est Noirmoutier, à l'abri des vents d'ouest et des gelées, la bonnotte passe des hivers très doux et des étés solaires sans être brûlants. Surtout, la terre y est légère, sablonneuse et gorgée de goémon ramassé à l'automne pour fumer les champs. C'est de ces noces terre-mer que naît, dit-on, son goût si particulier. Cette évanescente ne se ramasse pas, elle se cueille à la main avec d'infinies précautions pour ne pas froisser le pudique voile de sa robe. Un rien l'effleure, et la voilà gâtée.

LE CHEF EN PARLE

La pomme de terre est le légume du quotidien par excellence. Mais c'est aussi le luxe absolu. Cette indispensable, qui fait partie des fondamentaux de notre alimentation, reste une formidable inspiratrice, une source inépuisable de création. Souvent, je la compare à l'œuf, deux produits censés être d'une grande banalité mais que l'on peut cuisiner de tellement de façons différentes ! Sans compter que ratte, roseval, charlotte... nos terroirs nous en offrent plus d'une centaine de variétés. Elles font la gloire de nos producteurs. Richesse de variétés, richesse de préparations, les deux sont liées. J'ai un faible particulier pour la bonnotte de Noirmoutier. Sa chair à la fois tendre et ferme, son délicat goût de châtaigne se prêtent particulièrement bien aux préparations sucrées. C'est l'un des charmes des pommes de terre : chacune a son caractère, ses affinités. L'une sera parfaite tiède, l'autre chaude. L'une sera un délice poêlée, l'autre en purée. L'une s'accordera au salé, mais aussi au sucré.

Îlienne subtile

Dans cette recette, je l'ai mariée à un miel d'acacia, pas trop brutal, pour ne pas « écraser » la subtilité de cette îlienne. Pour la débarrasser de sa fine peau, sans l'agresser, le mieux est de la frotter avec du gros sel dans un torchon. Puis, on la découpe en rosace. Au four, ses pétales vont boire le miel mêlé au beurre clarifié, devenir translucides. Posés, encore brûlants, sur le pamplemousse froid, ils vont en sublimer le goût, la texture. Mais cette bonnotte, je l'adore aussi tout simplement cuite au four, avec un peu de sel, de poivre, de beurre, une branche de thym. Accompagnée d'une salade verte, elle fait mon bonheur.

Guy Savoy

BONNOTTE AU MIEL

et pamplemousse

POUR 4 PERSONNES

PRÉPARATION : 25 MIN
CUISSON : 12 MIN

- 350 g de bonnottes de Noirmoutier
- 2 pamplemousses
- 100 g de beurre clarifié (voir p. 277)
- 50 g de miel d'acacia

Pelez les pamplemousses et conservez uniquement les suprêmes. Disposez-les dans une assiette en forme de fleur en utilisant un cercle de 80 mm de diamètre. Épluchez les pommes de terre et taillez-les en rondelles de 2 mm. Rincez-les à l'eau claire pour enlever l'amidon et les sécher.

Sur une plaque allant au four, montez les rosaces de pomme de terre et recouvrez-les au pinceau de beurre clarifié mélangé au miel. Mettez à cuire 12 min à 180 °C (th. 6). Une fois cuites, déposez-les sur les pamplemousses. Dégustez immédiatement

Yannick Franques

LE CANARD

de Challans

Certains affirment que le canard de Challans doit son origine à des marins hollandais prisonniers des marais du Bas-Poitou, auxquels le souverain des Pays-Bas aurait offert des canards afin de les débarrasser des moustiques qui infestaient l'environnement. D'autres évoquent des Espagnols qui, après avoir chaviré sur les côtes vendéennes, auraient capturé des canards sauvages, les auraient croisés avec une autre race pour les améliorer et les domestiquer. En remettant les petites histoires dans l'ordre, on en arrive, plus sûrement, à des émigrés flamands qui, sous le règne du roi Philippe IV d'Espagne, sont invités en France pour assécher les marais autochtones. Fixés sur place, ces exilés vont croiser un canard colvert du Poitou avec une espèce batave avant d'en développer l'élevage, approvisionnant Nantes au XVIIIe siècle, puis Paris au siècle suivant.

UNE GÉOGRAPHIE PRIVILÉGIÉE

Un peu plus de 150 éleveurs se déploient aujourd'hui sur une aire d'appellation d'environ 80 kilomètres. À l'observer, celle-ci tient presque du microclimat : terre grasse et acide, prés régulièrement gourmandés de brumes, de larges éclaircies et de vent marins, herbes humides et épanouies. Une géographie privilégiée pour un canard qui ne l'est pas moins. Le Challandais goûte l'air libre et le petit trot en plein air, chaque matin et toute l'année. Il est bagué au numéro de la semaine de mise en élevage, logé en sexes séparés dans de larges bâtiments et sur litières épaisses, nourri à 75 % à base de céréales et abattu à 77 jours pour les canettes, 84 jours pour les mâles. Ce qui lui vaut double label, « Label Rouge » et label « volailles de Challans ». L'histoire pourrait s'arrêter là, s'il n'était encore une légende dans la légende. Celle de la famille Burgaud, star du milieu, devenue coqueluche des grands chefs et fournisseur très officiel et très exclusif de la Tour d'Argent, à Paris, pour son iconique canard au sang. Le Challans des Burgaud est plus gras, élevé avec les mêmes précautions que ses voisins mais tué, lui, à huit ou neuf semaines, étouffé et non saigné, gardant ainsi toute cette précieuse sève qui, une fois exprimée sous la presse, viendra ensorceler la fameuse sauce.

LE CHEF EN PARLE

La Tour d'Argent est un monument et la cuisine du canard, sa plus belle expression. Il n'y a rien à jeter dans le canard, à commencer par ses insoupçonnées et très délicates petites langues. Cette peau qui, à elle seule, pourrait nourrir tout un traité et pas seulement parce que les Pékinois la laquent. Et puis cette chair qui, selon les parties que l'on prépare et les cuissons que l'on opère, offre de réelles variations de texture (moelleuses, filandreuses...) et au moins autant d'opportunités de cuisine. À la Tour, on ajoute même de l'obsession à l'obsession puisqu'on utilise essentiellement du canard de Challans. Une appellation d'excellence que j'apprécie particulièrement pour sa chair étouffée, bien rouge, gorgée de sang et qui vient magnifier notre fameuse recette de canard pressé. Elle révèle aussi des suprêmes d'une formidable tendreté, tout en finesse et bien marqués dans les saveurs. Sa peau est assez grasse, assez épaisse et c'est tant mieux mais, pour en garantir la qualité, il convient de toujours la strier au couteau avant de la poêler avec un peu de gros sel. Ces derniers temps, je le travaille du côté de la charcuterie en fromage de tête et le compose également en soupe et à la royale, dans une adaptation de la fameuse recette de lièvre.

Yannick Franques

SUPRÊME RÔTI

mousseline de carotte, vinaigrette au pollen, jus de canard

POUR 4 PERSONNES

PRÉPARATION : 30 MIN
CUISSON : 50 MIN

- 4 Magrets de canard
- 20 g de gros sel

JUS DE CANARD

- 1,5 kg de carcasses de canard
- 30 g de beurre
- 3 échalotes
- 5 g de poivre noir
- 1 c. à s. de farine
- 1 l de vin rouge
- Sel

GARNITURE

- 600 g de carottes
- 40 g de beurre
- 4 carottes fanes
- 1 orange
- Sel

JUS DE CANARD

Faites colorer les carcasses de canard au four, puis faites-les revenir avec le beurre et les échalotes préalablement émincées dans une cocotte. Ajoutez le poivre noir et faites colorer le tout. Saupoudrez de farine et mouillez au vin rouge, puis laissez réduire à sec. Couvrez d'eau à hauteur et laissez mijoter 30 min. Passez au chinois, laissez réduire à votre convenance et assaisonnez.

GARNITURE

Épluchez les carottes et taillez-les en petits morceaux, puis faites-les revenir au beurre dans une cocotte. Mouillez d'eau à hauteur, puis une fois les carottes tendres, mixez le tout jusqu'à l'obtention d'une purée lisse. Pour les carottes fanes, épluchez-les puis faites-les cuire entières dans un grand volume d'eau bouillante salée.
Coupez des segments d'oranges et brûlez-les à l'aide d'un chalumeau.

CUISSON DES MAGRETS

Mettez à chauffer une poêle, et déposez-y le gros sel. Préchauffez votre four à 180 °C. Dénervez les magrets et quadrillez la peau, puis mettez-les dans la poêle bien chaude. Le gros sel permet à la peau d'être plus croustillante. Une fois bien colorés, retirez les magrets et passez-les au four 8 min à 180 °C.

VINAIGRETTE PASSION
- 15 g de moutarde de Dijon
- 10 g de miel
- 30 g d'huile de pépins de raisin
- 1 fruit de la passion
- 6 g de pollen frais

VINAIGRETTE PASSION
Dans un saladier, mélangez la moutarde et le miel, puis ajoutez doucement l'huile de pépins de raisin. Pour terminer la vinaigrette, versez le jus du fruit de la passion et le pollen frais. Vérifiez l'assaisonnement.

Dressage

Dans une assiette plate, faites une quenelle de mousseline de carotte bien chaude, et posez à cheval la carotte fane et le segment d'orange. Taillez le magret de canard en deux et posez-le joliment sur l'assiette. Ajoutez une cuillerée de vinaigrette. Pour l'astuce du chef, ajoutez des jeunes pousses d'herbe sur la purée, pour apporter de la fraîcheur. Servez le jus en saucière.

Nina Métayer

LA FLEUR DE SEL

de l'île de Ré

Que ferions-nous sans le sel, l'indispensable chlorure de sodium ? Non seulement il sauve de la fadeur la plupart de nos préparations et permet de conserver poissons et viandes depuis l'Antiquité, mais il garantit aussi le bon fonctionnement de notre organisme en régulant son hydratation. L'essentiel étant de ne pas en abuser : en excès, on le sait, il augmente la pression artérielle et le risque de développer maladies cardiovasculaires et ostéoporose. C'est la Rome antique qui crée les premiers marais salants, permettant à la précieuse denrée de devenir monnaie d'échange : le mot « salaire » vient du latin *salarius*, qui désignait à l'origine la ration de sel distribuée aux légionnaires.

CHANTÉ PAR HOMÈRE

Preuve de son importance séculaire, le sel est au cœur de nombreuses superstitions et croyances. Homère le considérait comme une substance divine. Il existe trois façons dans le monde de le produire : le sel de mer est récolté dans les marais salants grâce à l'évaporation naturelle de l'eau de mer ; le sel gemme provient de mines de sel, où les couches de sel marin fossile se sont accumulées au fil des siècles ; le sel ignigène est obtenu par la cuisson d'eau salée continentale, principalement l'évaporation de saumure. La France exploite des marais salants sur les côtes atlantique et méditerranéenne. Le gros sel (à la teinte grise, ramassé sur le fond du marais, vendu tel quel ou séché et broyé pour en faire du sel fin) et la fleur de sel rétais sont entièrement naturels. La seconde est plus rare et plus coûteuse que le premier : c'est la mince couche de cristaux blancs qui se forme à la surface des marais, grâce à l'action évaporatrice de la brise du soir. Ses petits grains croustillants d'une grande finesse, au goût plus prononcé que le sel fin, s'y substituent de plus en plus souvent dans la gastronomie pour l'assaisonnement final des plats.

LA CHEFFE EN PARLE

J'aime ajouter une touche finale de fleur de sel sur mes créations, cela leur donne une élégance visuelle et amène du croustillant. Tomber par surprise sur des cristaux de sel dans certaines bouchées apporte un vrai plus. Dosée avec justesse, la fleur de sel trouve sa place dans tous les desserts ou presque, notamment avec le chocolat mais aussi les pâtes (sablées, sucrées) et autres recettes à base de farine. Pour réaliser les crèmes, mousses ou ganaches, le sel fin fait très bien l'affaire. Mais si l'on entreprend une préparation où il est amené à fondre comme du beurre, mieux vaut un gros sel de premier choix. Au début, je mettais du sel fin car je ne mesurais pas pleinement l'importance de la qualité des ingrédients de base. Depuis, j'ai toujours de la fleur de sel dans ma cuisine. Celle que j'utilise provient du marché local de l'Île de Ré. J'ai de nombreux souvenirs de promenades à vélo dans les marais salants : un paysage à part entière, hors du temps, magique et très romantique, avec du blanc à perte de vue. La fleur de sel rétaise est un bel ingrédient, issu d'un savoir-faire artisanal qui fait la fierté de la Charente-Maritime, tout comme son beurre AOP dont je suis aussi une adepte. La recette que je vous présente aujourd'hui est un crumble aux cerises et au thym à base de farine complète bio sur meule de pierre. Le crumble est l'un de mes desserts favoris depuis que je suis petite : il se prépare rapidement et suit les saisons. Avec de bons ingrédients, des fruits mûrs et une pâte bien cuite, la réussite est garantie.

Nina Métayer

CRUMBLE CERISES

thym et fleur de sel

POUR 8 PERSONNES

Préparation : 20 min
Cuisson : 30 min

GARNITURE
- 750 g de cerises
- 1 citron vert
- 5 branches de thym (ou romarin, sauge)

CRUMBLE
- 200 g de beurre
- 180 g de farine de blé intégrale T150 bio
- 100 g de sucre cassonade
- 100 g de sucre muscovado
- 100 g de poudre d'amande
- 100 g de poudre de noisette
- 3 g de fleur de sel

DRESSAGE
- 2 g de fleur de sel
- 5 fleurs de thym

Dénoyautez les cerises, zestez le citron vert, pressez le jus et ajoutez le thym. Placez le tout dans un plat.

CRUMBLE

Mélangez tous les ingrédients (beurre, farine, sucre, poudres et fleur de sel). Puis, émiettez le mélange sur les cerises pour tout recouvrir. Mettez à cuire 30 min au four préchauffé à 170 °C (th. 6).

Dressage

Parsemez de fleur de sel et de fleurs de thym pour décorer.
Servez tiède.

Olivier Bellin

LA FRAISE

de Plougastel

La fraise n'est arrivée en France qu'au XVIIIe siècle, en provenance du Chili. Sous le règne de Louis le Grand, on ne connaissait que la petite fraise des bois. Et voilà qu'un militaire savoyard, de retour en 1714 d'une expédition aux antipodes, rapporta des plants de cette cousine plus grosse, plus juteuse, dotée d'un parfum singulier. Curiosité : la fraise chilienne était blanche. Ce bienfaiteur de la gastronomie avait pour nom Amédée-François Frézier. Grand seigneur, et prosélyte, il offrit quelques-uns de ses pieds sud-américains au jardin botanique de Brest.

UNE SAVEUR LÉGÈREMENT IODÉE

La douce brise engendrée par le Gulf Stream mais aussi la richesse naturelle du sol argilo-schisteux permettent à la fraise bretonne de développer un parfum à nul autre pareil, et une saveur légèrement iodée, quelle que soit la variété. Car la « fraise de Plougastel » peut être une gariguette comme une darline, une elsanta ou une mara des bois.

Enfant, on nous emmenait, mon frère et moi, à la plage de Pentrez, près de Plomodiern. Le grand moment, c'était après la baignade : si j'avais été sage, j'avais le droit d'aller dans un bar commander une coupe de fraises à la chantilly. J'ai été marqué par le goût fabuleux des fraises. La meilleure cuillerée, c'était la dernière : il ne restait que de la chantilly, une vraie chantilly maison, épaisse, riche, et une couche de marmelade de fraises. J'aime énormément le goût de la fraise. Quand j'étais chez Monsieur Robuchon, on faisait une tarte classique, pâte sablée sans rebord, un peu de confiture, fraises des bois plantées dessus et basta.

LE CHEF EN PARLE

La fraise de Plougastel authentique a un goût magique, iodé. Je l'utilise beaucoup en saison, pas seulement pour des desserts. L'an passé, j'avais mis au point un tube de meringue garni d'une salade fraise et tomate, avec à côté un sorbet de fraises et fenouil des dunes, qui a très bien fonctionné.

Une inspiration espagnole

Cela me rappelle une sorte de gaspacho fraise-tomate que j'avais fait, sous une inspiration espagnole !
Il m'arrive également de servir de la confiture de fraises pour accompagner certains fromages. Je me souviens encore d'une composition sorbet et granité de fraise, avec des herbes marines, un jus d'orange, des petits pois crus très sucrés, quelques gouttes d'huile d'olive.
Il existe aussi une association vraiment intéressante avec une belle burrata et quelques feuilles de basilic, où la fraise « remplace » la tomate de la traditionnelle salade caprese. En revanche, l'association de la fraise avec des poissons est plus délicate. Cela peut fonctionner avec le homard, tandis que la langoustine s'accommodera davantage de la framboise.

Olivier Bellin

FRAISES DE PLOUGASTEL

et asperges de la Torche

POUR 2 PERSONNES

PRÉPARATION : 20 MIN
CUISSON : 22 MIN
REPOS : 10 MIN

- 300 g de fraises de Plougastel
- 8 belles asperges de La Torche
- 10 cl d'huile d'olive mûre
- 3 branches de thym
- 2 gousses d'ail non épluchées
- 4 zestes de citron jaune
- 1 tomate cœur-de-bœuf de 80 à 100 g
- Vinaigre de vin
- 2 anchois
- Tabasco
- Sel
- Poivre du moulin

FINITION
- Fleurs de bourrache
- Fenouil sauvage
- Petits croûtons

Préchauffez le four à 220 °C (th. 7). Épluchez les asperges. Tirez deux feuilles de papier aluminium. Sur la première, mettez un trait d'huile d'olive, posez 4 asperges les unes à côté des autres, mettez trois branches de thym, deux gousses d'ail non épluchées et deux zestes de citron. Salez et poivrez légèrement. Déposez la seconde feuille d'aluminium et fermez la papillote hermétiquement. Recommencez la même opération avec les 4 autres asperges, puis enfournez 18 à 22 min.

VINAIGRETTE

Coupez la tomate en deux puis en quatre et enlevez les pépins. Nettoyez les fraises, lavez-les, essuyez-les et coupez le pédoncule. Brûlez 80 g de fraises au chalumeau. Réunissez dans un mixeur les fraises brûlées, 20 g de fraises fraîches, la tomate, du sel, un tour de moulin, du vinaigre de vin et un anchois. Mixez, passez et ajoutez l'huile d'olive. Coupez les fraises restantes en deux. Assaisonnez la salade d'un tour de moulin, d'huile d'olive et d'un zeste de citron. Réunissez les fraises et les tomates en même temps, et ajoutez la vinaigrette fumée.

Dressage

Sortez les asperges et laissez reposer 5 min. Ouvrez la papillote en long ou déposez les 4 asperges dans un plat. Recouvrez les asperges de cette salade de fraises, arrosez de vinaigrette, d'un peu de fleur de sel et donnez un dernier tour de moulin.

Fintion

Parsemez de quelques fleurs de bourrache, de fenouil sauvage, et de petits croûtons juste sautés à l'huile et déglacés au jus de citron.

Christopher Coutanceau

LE HOMARD

de Charente-Maritime

Il est venu, le temps d'observer une minute de silence à la mémoire des homards outragés par des surcuissons délirantes, étouffés sous des tombereaux de mayonnaise, soumis à la terreur du Thermidor, ramollis par le supplice de la congélation, flambés au pastis ou au whisky. La chair du homard est d'une délicatesse sans pareil. Nous parlons bien entendu du homard breton, qui porte à la ville une élégante carapace bleu nuit et à la scène la soutane pourpre, qui lui vaut son sobriquet religieux.

VANILLE, CAFÉ OU CACAO

Après des siècles de maltraitance culinaire, des chefs modernes ont ouvert à l'infini le spectre des accords possibles avec le crustacé. Alain Senderens stupéfia les fines gueules avec un homard à la vanille. Patrick Jeffroy adjoignait à Son Éminence une sauce « Breizh West » au café. Olivier Rœllinger le préférait au cacao, assemblage en rouge et noir. Christopher Coutanceau travaille le homard de différentes manières. Son père, Richard, tenait le fourneau avant lui et ils ont mis au point, à quatre mains, un civet de crustacé à rendre jaloux le plus bienveillant des lièvres.

LE CHEF EN PARLE

Le homard est un produit fantastique, qui peut se préparer de mille façons. Avec mon père, nous avons inventé une recette de civet qui fait toujours un malheur : on nous en réclamait à l'époque trois cents par semaine. C'est celle-ci que je vous livre aujourd'hui, mais il existe bien d'autres façons de le déguster. Une idée m'est venue en cherchant à utiliser le produit à 100 %, avec zéro déchet. Mon « touthomard » se présente en plusieurs services. Dans une petite assiette bleu marine, je sers d'abord un tartare des coudes et des pinces, avec une gelée de carapace. Dans un verre, je dépose un espuma de corail. Et voici l'assiette principale : le corps du homard, précuit à basse température, est apporté sur une pierre de sel brûlante sur laquelle il achève sa cuisson. Il est relevé d'une vinaigrette confectionnée avec le cerveau et des algues marines. Enfin, pour ne rien perdre du tout, je réalise une cristalline avec la carapace intérieure, cette partie qui supporte les petites pattes. Elle est cuite d'abord au four, puis en friteuse. L'important, c'est la cuisson. Je n'aime pas trop donner de durée, car un homard est comme un bijou : avant de le cuire, on l'observe, on le soupèse, puis on le sonde, on l'arrose, c'est du sur-mesure à chaque fois. Pour moi, le « calibre » idéal, ce sont des homards de 600 à 700 g. Au-delà, on va tomber sur des crustacés de 30 ans ou plus, à la saveur moins fine. À titre de comparaison, la différence est la même qu'entre un agneau de lait et un mouton. En pleine saison, il n'y a pas de différence entre les mâles et les femelles. Je me fournis auprès du patron pêcheur de l'*Astérix*, qui pose ses casiers près de l'île de Ré ou d'Oléron. Il travaille de façon responsable, se fixe lui-même des quotas annuels, rejette à l'eau les femelles grainées.

Christopher Coutanceau

CIVET DE HOMARD

«pour mon papa»

POUR 8 PERSONNES

PRÉPARATION : 55 MIN
CUISSON : 1 H 20
REPOS : 12 H

HOMARD

- 4 homards de 650 g chacun
- Beurre

AMÉRICAINE DE HOMARD

- 250 g de beurre
- Cognac
- 75 cl de vin blanc
- Bouquet garni
- 30 g d'estragon

SAUCE CIVET

- 30 g de gingembre
- ¼ de l de Coteaux-du-Layon moelleux
- 2 citrons verts
- ½ l d'américaine de homard
- 50 g de beurre
- Sel
- Poivre
- Piment

HOMARD

Faites cuire les homards dans un court-bouillon pendant 5 min. Décortiquez-les à chaud et faites-les revenir dans une poêle au beurre monté avec le jus de homard.

SAUCE CIVET

Pour l'américaine de homard, récupérez les têtes avec les coffres des homards cuits, écrasez-les dans une cocotte et faites-les revenir dans 250 g de beurre. Flambez-les au cognac, ajoutez 75 cl de vin blanc, un bouquet garni, mouillez avec de l'eau à hauteur et laissez cuire 45 min. Laissez infuser 6 h. Passez le tout au chinois en pressant les têtes et faites réduire à nouveau la sauce de moitié avec 30 g d'estragon. Taillez le gingembre en julienne, passez-le à la casserole avec le vin et le zeste et jus de citron vert à sec ; mouillez avec l'américaine, chinoisez et faites bouillir, puis émulsionnez avec le beurre.

GARNITURE

Faites cuire tous les légumes dans une eau bouillante salée à 30 g au litre et de l'huile d'olive pendant 2 min, plongez-les dans l'eau glacée puis égouttez-les.

Suite de la recette, page suivante

Christopher Coutanceau

GARNITURE
- 8 carottes fanes
- 8 betteraves rouges fanes
- 8 betteraves blanches fanes
- 1 pomme de terre Vitelotte en rondelles
- 8 asperges vertes
- Huile d'olive

RAVIOLES DE CHAMPIGNONS
- 200 g de shiitakés
- 200 g de cèpes
- 200 g de pleurotes
- 200 g de champignons de Paris
- Pâte à ravioles chinoises

RAVIOLES DE CHAMPIGNONS
Émincez tous les champignons et faites-les sauter dans un peu d'huile pour qu'ils dégorgent. Mettez-les à égoutter. Assaisonnez, puis ajoutez 30 g d'échalotes ciselées et 30 g de persil ciselé. Badigeonnez la pâte à ravioles chinoises d'une dorure (mélange d'œufs et d'eau). Au centre de chaque carré de pâte, déposez la préparation de champignons. Recouvrez d'un autre carré en prenant soin de bien chasser l'air et détaillez à l'emporte-pièce (1 raviole par personne). Faites sécher les ravioles une demi-journée.

Dressage

Mettez les ravioles à cuire 6 min dans de l'eau salée, le temps de dresser. Mettez à réchauffer le homard au four pendant 3 min. Réchauffez les légumes dans un peu d'eau et de beurre. Dressez. Ajoutez le homard, le reste des légumes puis finissez par les ravioles et saucez.

Alexandre Couillon

L'HUÎTRE

de Noirmoutier

Les gastronomes eurent pendant deux bons siècles l'habitude de se ruer sur ces coquillages à l'occasion d'extravagantes bombances : après cette mise en bouche iodée, ils pouvaient commander toutes les entrées et tous les plats de la carte.

UN RÔLE STIMULANT

Jadis, l'hécatombe des bourriches était la règle. Christian Millau rapporte : « Jamais, au Rocher de Cancale de la rue Montorgueil (…) un Balzac ou un Dumas n'auraient commis leur réputation autour d'une misérable douzaine d'huîtres. » Ce qui laisse penser qu'à défaut de pouvoirs aphrodisiaques, le mollusque bivalve joua un rôle stimulant non négligeable dans l'élaboration des *Trois Mousquetaires* ou de *La Comédie humaine*. Aux temps héroïques, comme la Terre, nos huîtres étaient plates. La plupart de celles que l'on consomme dans notre pays sont désormais creuses, bien que des plates irréductibles comme la belon fassent de la résistance en Bretagne. Alexandre Couillon tient ses fourneaux à Noirmoutier, en Vendée. L'une de ses créations, « l'huître Erika », est un plat d'anthologie. Le mollusque est vivement poché dans un bouillon d'encornets et de seiches avec leur encre, servi avec une poudre de lard de Colonnata blanche comme le calcaire de la coquille et une pastille de sucre qui figure la nacre.

LE CHEF EN PARLE

Quand j'étais petit, je passais tous mes étés chez mes grands-parents, dans l'eau. Chez nous, les enfants mangent des huîtres dès leur plus jeune âge : on les décroche des rochers et on casse la coquille avec un caillou pour essayer de les gober. Du coup, on avale des bouts de coquille. Au bistrot, on les sert telles quelles, avec un filet de citron ou du vinaigre à l'échalote.
La recette de « l'huître Erika » est née de l'erreur d'un commis. Je lui avais demandé de préparer un bouillon avec des seiches et des encornets, mais il n'a pas enlevé l'encre. De loin, je le vois écumer un liquide complètement noir. Je me demandais bien ce que j'allais pouvoir faire de ce bouillon, d'autant plus que le noir n'est pas une couleur qu'on voit beaucoup dans les assiettes.
En me souvenant du naufrage du pétrolier Erika, survenu en décembre 1999, et de la catastrophe écologique sans précédent qu'il avait provoquée, j'ai tenté un pari, un peu par jeu, beaucoup par fierté et par amour de l'océan. Je me souviens du premier client qui a eu l'assiette sous le nez : il a pris sa tête entre ses mains et contemplé, interdit, ce plat qui raconte une histoire. L'an passé, j'avais décidé de ne plus la servir : les clients m'ont incendié, certains étaient venus exprès pour elle. Du coup, je suis en train de créer une assiette spéciale pour « l'huître Erika » avec un céramiste de Noirmoutier.

Alexandre Couillon

HUÎTRE AU BOUILLON

glacé d'aromates

POUR 4 PERSONNES

PRÉPARATION : 10 MIN
CUISSON : 40 MIN
REPOS : 12 H

- 4 très grosses huîtres ou, à défaut, 8 huîtres n° 2
- 1 botte de salicorne ou, à défaut, d'asperges très fines (vous pouvez aussi utiliser des févettes juste blanchies et débarrassées de leur peau)
- 1 pomme type Granny Smith

POUR 50 CL DE BOUILLON PRÉPARÉ LA VEILLE

- 3 carottes
- 3 navets
- 2 poireaux
- 2 oignons
- 2 échalotes coupées en rondelles
- 2 ou 3 côtes de chou
- ½ rutabaga
- ½ botte de fenouil sauvage ou d'aneth grossièrement ciselé
- 4 grains du poivre que l'on a sous la main
- 20 g de vinaigre de cidre ou de vinaigre de bourgeon de pin
- 50 g de vin blanc sec, pas trop parfumé
- ½ gousse de vanille grattée
- Sel
- Huile d'olive
- Huile de noisette

PRÉPARATION DU BOUILLON

Faites cuire ensemble tous les ingrédients du bouillon, dans une cocotte sur un petit feu, jusqu'à ce que le tout ait réduit de moitié pour obtenir la quantité souhaitée. Filtrez le bouillon en écrasant bien, ajoutez 1-2 c. à s. d'huile d'olive et quelques gouttes d'huile de noisette. Réservez au réfrigérateur.

Au moment de la dégustation

Ouvrez l'huître délicatement pour ne pas l'abîmer. Plongez-la dans un bol d'eau légèrement salée et glacée pour éliminer les impuretés ou les débris de coquille. Décoquillez et épongez sur du papier absorbant. Disposez l'huître au centre d'une assiette creuse. Versez une louche du bouillon très frais dans lequel vous aurez ajouté la pomme débitée en petits cubes. Ajoutez une tombée de salicorne, d'asperges ou de févettes.

Christian Le Squer

LE MAQUEREAU

breton

On lui connaît bien des uniformes selon qu'il soit maquereau espagnol, bâtard, blanc, roi, tacheté ou des Indes mais c'est bien le *Scomber scombrus*, ou maquereau commun, qui donne au genre sa postérité avec son corps fuselé, sa tête longue, son museau pointu, sa queue échancrée, son dos bleu-vert zébré de lignes bleu foncé. Préférant des eaux plutôt froides, du moins tempérées, ce navigateur infatigable croise en Méditerranée, en mer du Nord, dans la Baltique et sur quasi tout l'Atlantique. Au printemps et surtout l'été, à sa haute saison, il est chez lui en Bretagne où on lui dédie deux jours de fête, fin juillet, depuis plus de quarante ans. Le maquereau est un rapide (vitesse de croisière 10 km/h) qui se déplace en bancs et se nourrit, adulte, de crustacés et de poissons comme la sardine.

CHAMPION DE L'OMÉGA-3

Le maquereau est, entre autres, un champion de l'oméga-3. Son pedigree santé tient du certificat d'excellence : vitamines du groupe B, vitamine D, sélénium, fer. Il a le talent de nourrir les neurones et la mémoire, mais aussi de réelles qualités à améliorer le fonctionnement du système cardio-vasculaire. Longtemps réduit à son couplet de marinade aromates-vin blanc et au tartinage en régime rillettes, il est devenu une coqueluche des cuisines du quotidien aussi bien que de chefs éprouvés. Comme le rappelle Christian Le Squer, sa chair, même si fragile, s'adapte à nombre de situations et de cuissons (grillé, poêlé, poché, planché, vapeur), mais surtout, sa saveur prononcée et très lisible monte les recettes sur ressort.

LE CHEF EN PARLE

Le maquereau est un poisson qu'en bon Breton j'affectionne tout particulièrement. C'est un produit simple et peu cher. Je le trouve même d'une certaine humilité, bien qu'il offre une multitude de possibilités en termes de préparations. Il peut se composer cru, en rillettes, grillé, aussi bien chaud que froid... Il a ce goût prononcé, très typé, que l'on reconnaît sans effort les yeux fermés et qui appelle à bien des alliances. Lorsqu'il est très frais, la finesse de sa chair est tout simplement incroyable et c'est pourquoi, quand je le cuisine, je le travaille très peu, dans l'évidence. C'est un poisson qui ne doit pas être trop transformé. Il faut le traiter simplement, en le dénaturant le moins possible, au risque de passer à côté. Mon péché mignon, c'est une cuisson grillée : je badigeonne le maquereau de moutarde de Dijon, puis je le fais griller dans un four très chaud de manière à brûler la moutarde. Je le déglace ensuite au vinaigre, ajoute un peu d'huile et le sers sur des pommes de terre grenaille chaudes. Il y a enfin que le maquereau est aussi un poisson de cœur qui me rappelle mon enfance. Plus jeune, je partais le pêcher en embarquant à bord d'un chalutier. C'était une aventure autant qu'un privilège ; j'embarquais tôt le matin pour pêcher au filet et la journée entière se passait en mer. Il y avait tout, les couleurs du ciel et de la mer, l'eau et les vents et puis une multitude d'odeurs, l'iode, le sel. Quand on remontait les filets, et les maquereaux ne manquaient jamais, on avait l'impression de cueillir la mer.

Christian Le Squer

LISETTE DE PETITE PÊCHE

au lait de mon enfance

POUR 4 PERSONNES

PRÉPARATION : 15 MIN
REPOS : 4 H

- 8 lisettes (maquereaux)
- 200 g de gros sel
- 1 gousse d'ail
- 1 branche de romarin
- 25 g de crème fraîche
- 100 g de lait ribot
- 6 c. à s. d'huile d'olive
- Feuilles de basilic
- Sel
- Poivre

Disposez les lisettes dans un plat, ajoutez le mélange gros sel, ail émincé et romarin. Réservez au réfrigérateur pendant 4 h. Rincez les lisettes sous l'eau et levez les filets. Coupez les filets en tronçons. Dans un saladier, mélangez la crème fraîche et le lait ribot. Assaisonnez avec une pincée de sel et de poivre. En parallèle, réalisez un pesto en mixant l'huile d'olive et le basilic (le pesto doit être très liquide).

Dressage

Pour servir, disposez les tronçons de lisette sur les assiettes. Nappez de lait ribot et assaisonnez avec le pesto de basilic.

Christophe Adam

LA POMME

du Finistère

Facile à cuisiner comme à conserver, elle peut se déguster crue ou cuite, en pâtisserie ou en accompagnement d'une viande, en jus ou en alcool… Fruit le plus consommé en France, la pomme puise ses racines non pas en Bretagne ou en Normandie, mais dans les forêts primitives du... Kazakhstan. Sa culture débute en France sur les terres bretonnes au XIVème siècle et se développe jusqu'à atteindre un âge d'or en 1900. À cette époque, la valeur d'une terre ou d'une ferme reposait sur le nombre, la taille et la vigueur des pommiers. Aujourd'hui, l'association des Mordus de la Pomme, qui recense les variétés de pommes dans le quart nord-est de la Bretagne, estime à plus de 3000 le nombre de variétés existant sur la péninsule armoricaine. Importante tant pour son économie que pour sa culture et ses paysages, la pomme figure aujourd'hui parmi les emblèmes de cette région. Arbre fruitier idéal pour le climat breton doux et humide, le pommier a tout pour plaire aux agriculteurs du territoire.

CONSERVÉE DANS LES TOMBES

Cueillie en octobre et consommée de janvier à mai, la Reinette d'Armorique est une variété ancienne, répandue un peu partout sur le territoire breton. Autrefois, elle était conservée dans de grandes fosses creusées dans la terre puis garnies de paille, appelées "tombes". À croquer ou à cuire, la chair acidulée de la Reinette se prête bien à la fabrication du cidre. C'est une pomme de bonne composition : elle est résistante aux manipulations et se conserve facilement. Polyvalent, on peut le retrouver dans de multiples préparations : tartes, eau-de-vie, pomme au four… Ce qui explique sa popularité : chaque année, 1500 tonnes de Reinette d'Armorique sont commercialisées.

LE CHEF EN PARLE

Eh non ! les Normands n'ont pas le monopole de la pomme. La pomme bretonne n'a d'ailleurs rien à envier à celle de nos voisins. Au contraire, nous avons chez nous un nombre incalculable de variétés. Le Finistère est d'ailleurs l'un des premiers producteurs de pommes au monde. Il y a les pommes à cidre, employées dans la fabrication de la boisson du même nom, et les pommes dites « à couteau », c'est-à-dire celles à croquer ou qu'on utilise à la cuisson. Là encore, les choix sont considérables. Personnellement, j'adore ce fruit parce qu'on peut en faire des tas de choses. Parfois acide, parfois sucrée, parfois les deux ; je trouve un vrai plaisir à créer des recettes à partir d'une pomme. Avec elle, je suis rarement en manque d'inspiration.

Christophe Adam

POMMES CONFITES EN COCOTTE

crumble

POUR 3 PERSONNES

PRÉPARATION : 45 MIN
CUISSON : 1 H 20

- 3 pommes de Reinette
- 225 g de sucre semoule
- 70 g de glucose
- 60 g d'eau

GLACE VANILLE

- 160 g de lait entier
- 1 gousse de vanille
- 40 g de jaunes d'œufs (2 jaunes environ)
- 50 g de sucre semoule
- 80 g de crème

CRUMBLE BLÉ NOIR

- 155 g de beurre demi-sel
- 120 g de sucre semoule
- 95 g de farine
- 95 g de farine de blé noir

SIROP À TATIN

- 300 g d'eau
- 300 g de sucre semoule
- 15 g d'extrait de vanille
- 50 g de jus de citron jaune
- 300 g de beurre doux
- Fleur de sel

CRUMBLE BLÉ NOIR

Préchauffez le four à 180 °C (th. 6). Faites ramollir légèrement le beurre, mélangez-le du bout des doigts avec le sucre et les farines pour obtenir une pâte sableuse. Disposez-la sur une plaque. Enfournez et laissez cuire 20 min, puis laissez le biscuit refroidir. Brisez-le en petits morceaux et réservez.

COCOTTE DE POMMES

Réalisez un sirop avec l'eau et le sucre. Portez à ébullition avec l'extrait de vanille et le jus de citron. Hors du feu, incorporez le beurre en morceaux et la fleur de sel en remuant bien. Préparez un caramel blond dans une casserole avec le sucre, le glucose et l'eau. Déposez-en 100 g dans le fond d'une petite cocotte. Lavez et épluchez les pommes. Videz-les délicatement à l'aide d'un vide-pomme, posez-les dans la cocotte et recouvrez de sirop à tatin. Enfournez pour 1 h, en vérifiant la cuisson et en arrosant les pommes régulièrement.

GLACE VANILLE

Faites bouillir le lait avec la gousse de vanille fendue et grattée, puis laissez infuser à couvert pendant 20 min. Dans un cul-de-poule, battez les jaunes d'œufs avec le sucre semoule pour les blanchir. Passez au chinois le lait vanillé au-dessus des jaunes blanchis en mélangeant bien, reversez le tout dans la casserole et faites cuire à 85 °C. Passez un doigt sur le dos de la spatule nappée de crème : la crème est cuite lorsque la trace reste visible. Enfin, ajoutez la crème liquide. Faites prendre en sorbetière.

Dressage

Parsemez la cocotte de pommes de crumble au blé noir et dressez une boule de glace vanille au moment de servir.

Bruno Verjus

LE ROUGET BARBET

de l'île d'Yeu

Le rouget barbet de roche, *Mullus surmuletus* pour les intimes, est un seigneur, un petit dandy aquatique. Méridional dans l'esprit de beaucoup, il croise en réalité de la mer du Nord au bassin méditerranéen jusqu'à la mer Noire, en passant par l'Atlantique, dans tout le golfe de Gascogne. Pour le chef Bruno Verjus, aucun doute possible, c'est ici qu'il est le meilleur : « Je trouve le rouget de l'Atlantique plus élégant. Le méditerranéen est très différent en termes de goût, il est bien plus puissant, avec des notes iodées très marquées. » Reconnaissable entre mille, le rouget barbet est un petit mannequin des mers. La pigmentation de ses multiples écailles, harmonieux dégradé allant du rouge à l'orangé en passant par le rosé, rend son look singulier. À cet habit de lumière s'ajoutent deux petites barbichettes du meilleur effet, les barbillons, qui lui permettent d'ausculter le sol à la recherche de nourriture. Le tout dans des eaux relativement peu profondes.

ESTIVAL PAR EXCELLENCE

Outre sa tenue d'apparat, si le rouget est aussi prisé, c'est évidemment pour son goût, complexe et marqué. Sa chair n'en reste pas moins extrêmement délicate et très intéressante. Sa bonne mâche permet notamment de la travailler presque comme une viande. Romain Meder le flanque ainsi d'un jus corsé des têtes et des foies, façon civet. Paul Bocuse, lui, l'a sanctifié à travers une recette devenue légende : le rouget en écailles de pommes de terre et sa sauce crémée, relevée au Noilly Prat. Poisson estival par excellence, le rouget barbet est aussi, plus simplement, un fidèle compagnon de vacances, grillé au barbecue. Pour peu qu'on ne le massacre pas avec des braises trop vives et surtout une cuisson trop longue. Et que l'on prenne gare, à la dégustation, à ses nombreuses arêtes, certainement son plus vilain défaut.

LE CHEF EN PARLE

Petit, j'habitais à la campagne près d'une rivière. J'étais un enfant un peu sauvage : je mettais des collets pour attraper des lapins, j'allais braconner des truites et des écrevisses, je cultivais des radis et des salades... C'était ça, ma PlayStation ! Vers 8-10 ans, j'ai découvert le bord de mer à l'île d'Yeu. J'ai gardé cette même approche, mais côté maritime. Toutes mes inspirations de cuisine de la mer viennent de cette île. Pour moi, les petits rougets de l'île d'Yeu, pêchés vers la plage des Sapins, représentent parfaitement ce rapport indéfini entre la terre et la mer, que j'adore cuisiner car cela fait écho à mon histoire personnelle. Le rouget, on peut le travailler comme le poisson qu'il est, sur des notes solaires, avec ce gras qui devient très orangé, presque safrané. À l'inverse, on peut le marier avec un jus de volaille, des olives, et l'emmener sur tout à fait autre chose. La recette que je vous propose se situe un peu entre les deux : on garde tout le caractère du rouget, avec une cuisson à l'étouffée qui permet de ne pas le sécher, de conserver toutes les sérosités du poisson et de faire en sorte qu'il reste moelleux et rosé. Et, d'un autre côté, on lui apporte des notes délicates et florales avec le safran, l'hibiscus, les cerises. Je choisis pour cela des rougets assez petits, une centaine de grammes. C'est un poisson formidable cru aussi, lorsqu'il est tout frais. On écrase le foie et on le monte légèrement à l'huile, avec un peu d'agrumes, comme un condiment sur la chair : c'est fantastique !

Bruno Verjus

PETITS ROUGETS

en tempura d'hibiscus

POUR 4 PERSONNES

PRÉPARATION : 30 MIN
CUISSON : 3-4 MIN

- 8 petits rougets de 70 à 100 g
- 60 g de fleurs d'hibiscus
- Gros sel
- 1 verre d'eau gazeuse
- 100 g de farine de riz
- 1 c. à s. de vinaigre de prune umeboshi
- 50 cl d'huile neutre
- Sel fin

CONDIMENT

- 150 g d'huile neutre
- 1 morceau de 20 g d'anguille avec la peau
- 4 grosses cerises type burlat
- 1 jaune d'œuf
- 1 c. à s. de moutarde forte
- 1 trait de vinaigre de prune umeboshi

Plongez les fleurs d'hibiscus dans 1 l d'eau bouillante pendant 5 min. Sortez-les du feu et laissez infuser 10 min. Filtrez et laissez réduire à la consistance d'un sirop. Réservez.

Préparez le condiment : mixez l'huile, l'anguille et les cerises dénoyautées. Ensuite, montez ce mélange comme une mayonnaise rémoulade avec le jaune d'œuf, la moutarde et l'huile d'anguille et cerises. Finissez avec le vinaigre de prune. Réservez.

Videz délicatement les rougets en leur ouvrant le ventre avec des ciseaux. Écaillez-les directement dans un bain d'eau de mer (35 g de gros sel gris par litre d'eau fraîche). À l'aide d'un couteau à effiler, levez les filets des rougets en partant de la tête et en glissant le couteau le long des vertèbres en direction de la nageoire caudale. Veillez à ne pas séparer les filets au niveau de la queue. Préparez au fouet une petite quantité de pâte à tempura en versant de l'eau gazeuse très fraîche sur quelques cuillerées à soupe de farine de riz. Lorsque la pâte offre la texture d'une crème épaisse, mêlez quelques traits de réduction d'hibiscus. La pâte revêt alors une teinte de rose soutenu tirant vers le rouge cerise. En les tenant par la queue, trempez les rougets dans la pâte à tempura pour qu'ils s'en habillent entièrement. Faites chauffer l'huile à 175 °C (th. 6) et plongez-y les rougets 3-4 min, en fonction de la taille. Lorsque la couleur de la tempura commence à se densifier, puisez prudemment un rouget pour tester le croustillant de la tempura. Si elle est bien dure et sèche rapidement, c'est qu'elle est prête. Assaisonnez les tempuras d'un peu de sel fin et de quelques gouttes de vinaigre de prune. Escortez du condiment à l'anguille et cerises.

David Toutain

LA SOLE

normande

Animal plat moins volumineux que le turbot ou la barbue, la sole n'en reste pas moins extrêmement savoureuse. Sa chair nacrée et son goût délicat mais franc en font l'une des vedettes obligées des établissements tournés vers la mer.

DIABOLIQUE COMPOSITION

D'innombrables recettes lui sont dédiées. En ces temps anciens où le réfrigérateur était un appareil expérimental et où les cuissons des produits marins faisaient office de pasteurisation, Escoffier se pencha sur la sole. Il en donna une version « à la bonne-femme » avec citron, vin blanc et champignons de Paris, mais aussi, plus étonnant, une « variante » au chambertin, dans laquelle le poisson est cuit au vin rouge, comme le premier coq venu. Mais qui dit sole pense « sole normande ». Cet apprêt surchargé convoque moules, huîtres, écrevisses, champignons, crème fraîche et vin blanc. Selon les bons auteurs, cette sole est aussi normande que l'irish coffee est irlandais. Inventée à Paris à la moitié du XIXe siècle, elle fit rapidement fureur, si bien qu'elle se vit accorder la nationalité normande par les restaurateurs des bords autochtones. Avec les ingrédients de la sole normande, David Toutain inventerait dix assiettes succulentes et poétiques, en lieu et place du gloubi-boulga prétendument régionaliste. Reste que la sole lui parle, lui raconte son enfance entre bocage et grandes marées, et le supplie de ne pas la laisser cuire plus que les quelques minutes qui vont la rendre délectable, sans qu'il soit besoin de la noyer sous une sauce quelconque. David Toutain porte haut l'étendard de son pays natal avec une version sole-crème fraîche à se lécher les babines.

LE CHEF EN PARLE

Je suis né dans l'Orne, mais j'ai passé mon enfance dans le Cotentin. Quand je suis arrivé à Cherbourg, à 5 ans, je ne connaissais pas la mer. Pour moi, la sole était à l'origine associée à la recette « dieppoise », avec moules et champignons. J'ai préparé mes premières soles à l'école hôtelière de Granville. On nous apprenait à les ébarber, les éplucher, les vider, les écailler du côté de la peau blanche, lever les filets avec un couteau spécial, à lame longue et souple : l'air de rien, c'est assez technique. J'ai vu passer des pièces de 1,2 kg. Je préfère d'ailleurs les grosses soles, pour leur mâche et leur goût plus prononcé. Je trouve la chair plus subtile que celle du turbot, avec un côté légèrement gélatineux très intéressant. Personnellement, je préfère les cuire sur l'arête et lever les filets ensuite. Une sole parfaitement cuite, avec le côté caramélisé de la peau et des sucs, c'est fabuleux. La recette classique de la sole meunière est à base de beurre. Un jour, j'ai eu l'idée de le remplacer par une belle crème fraîche au lait cru. Je la fais fondre et bouillir doucement : le petit-lait s'extrait, la crème caramélise régulièrement au fond de la poêle. En fait, c'est de la crème noisette !
J'utilise de belles soles de 800 g environ, que je marque de chaque côté avant de les mettre cinq minutes au four pas trop chaud. Puis, je laisse reposer un petit quart d'heure avant de servir, c'est très important.

David Toutain

SOLE NORMANDE

à la crème fraîche, cébettes

POUR 4 PERSONNES

PRÉPARATION : 20 MIN
CUISSON : 25 MIN

- 2 soles de 500 à 600 g
- 200 g de crème fraîche
- 5 bottes de cébettes
- Fleur de sel
- Huile d'olive

SOLES

Ébarbez les soles, retirez la peau noire et écaillez la peau blanche (ou demandez à votre poissonnier de le faire). Dans une grande poêle, déposez 100 g de crème fraîche, laissez fondre jusqu'à coloration brune puis ajoutez-y les soles. Colorez-les de chaque côté, puis faites-les cuire au four 4-5 min. Salez et laissez reposer.

PURÉE DE CÉBETTES

Séparez le blanc du vert des cébettes de 3 bottes. Grillez les blancs entiers au barbecue de chaque côté pendant 1 min. Émincez les blancs grillés puis faites-les suer dans un peu d'huile à la poêle. Émincez les verts, ajoutez-les à la casserole et faites-les suer. Une fois que tout est bien cuit, mixez avec un peu d'huile jusqu'à l'obtention d'une texture lisse et homogène. Passez au chinois et rectifiez l'assaisonnement.

SAUCE

Filtrez au chinois la crème de cuisson, ajoutez le tout aux 100 g de crème restante, assaisonnez de fleur de sel et placez au frais.

GARNITURE

Poêlez les deux cébettes restantes à l'huile d'olive jusqu'à coloration, assaisonnez de fleur de sel.

Montage

Dressez le tout avec harmonie et dégustez chaud.

Jérôme Banctel

LA TOMATE

de La Baule

Le latin nous la dit *Solanum lycopersicum*, mais le monde nous la raconte avec des anciennes et des modernes, des cultivées en plein champ et d'autres sous abri, des sincères et des piquées, des oubliées et des génétiques, des demoiselles de panier et des filles en conserve, des larges comme cœur-de-bœuf et des taille cerise. Le seul catalogue européen affiche plus de 4 000 espèces, dont plus de 480 au chapitre français.

CUISSON QUASI CONFITE

Cuisinier très réfléchi des hautes sphères étoilées, Jérôme Banctel a choisi et trouvé sa tomate en la sélectionnant parmi des dizaines et des dizaines de maraîchers, jusqu'à en trouver un aux environs de La Baule : jardin de famille depuis 1927, devenu jardin dynastique où quatre générations de Huitric cultivent fruits et légumes avec des précautions horlogères. La terre d'ici est celle de Congor, au cœur de ces marais salants de Guérande, classés au patrimoine de la nation. Les engrais sont organiques, l'eau recyclée et l'on y lâche même de ces insectes auxiliaires pour contrer les nuisibles. Les tomates de Banctel, plus petites, ultra calibrées, sont de celles qui appellent la farce fine et la cuisson quasi confite. Qu'elle soit noire de Crimée, cornue des Andes, Green Zébra ou jaune Limmonny, le vrai génie de la tomate est au jardin et celui de la France est de ne pas en manquer.

LE CHEF EN PARLE

Il y a deux grandes façons d'élaborer un plat. La première est très sensorielle ; elle part du produit, de son évidence, de ses saveurs, de ses textures... La seconde est plus mentale ; elle commence par une technique, une cuisson, une découpe... Dans le cas précis de mes tomates farcies, tout est parti d'un désir de travailler une cuisson à la chaux. La chaux est très abrasive, très violente, délicate à manier mais susceptible de donner des résultats étonnants. La tomate m'est alors apparue comme un fruit qui supporterait cette envie de cuisson. Elle offre, en effet, une balance spectaculaire dans les textures avec la chair, les pépins, bref, la pulpe, et puis cette peau à nulle autre pareille. Il y a, selon les qualités de tomate, des sensations plus ou moins marquées qui varient du juteux au charnu, du fondant au presque croquant, du ferme à l'élastique. Pour composer ces tomates farcies, il me fallait une tomate avec une peau fine, quasi pelliculaire, et qui ne soit pas trop en chair tout en étant suffisamment dense pour qu'une fois mondée, je puisse l'assécher et la durcir légèrement à la chaux avant de la passer en cuisson lente au four pour parvenir à la confire sans que jamais elle n'explose. Le plus délicat n'a pas forcément été de régler ce petit protocole, mais bien plutôt de trouver « la » tomate qui satisferait à ces exigences. Autant vous dire que j'ai rameuté mes fournisseurs pour qu'ils dégotent la perle rare, jusqu'à découvrir cette tomate venue de La Baule, quasi athlétique, parfaitement calibrée - d'environ 40 grammes - et cueillie au meilleur de sa forme, en mai-juin. Plus tard, dans la saison, certaines variétés du sud de la France rivalisent, mais celle-ci est un modèle du genre.

Jérôme Banctel

TOMATES FARCIES AUX POIVRONS ROUGES

crumble d'olive et poivrons blancs en pickles

POUR 4 PERSONNES

PRÉPARATION : 20 MIN
CUISSON : 1 H 45
REPOS : 48 H

TOMATES
- 16 tomates cocktail n° 2

POIVRONS BLANCS EN PICKLES
- 1 l d'eau
- 200 g de sucre semoule
- 20 cl de vin blanc
- Cumin
- 2 poivrons blancs
- 1 citron jaune

FARCE
- 10 poivrons rouges
- Huile d'olive
- Basilic

TOMATES
Mondez les tomates cocktail. Faites-les sécher au four sec à 150 °C (th. 5) pendant 1 h 30. Débarrassez et réservez.

POIVRONS BLANCS EN PICKLES
Préparez un sirop avec l'eau, le sucre, le vin blanc et le cumin. Brûlez et fumez les poivrons, taillez-les en rectangles puis roulez-les afin d'obtenir un rouleau de 2 cm de large sur 0,5 mm de diamètre. Émincez finement les citrons et enlevez les pépins. Taillez des éclats de citron en prélevant la peau et une partie du ziste, puis donnez-leur une forme triangulaire. Dans un bocal, réunissez les poivrons et les zestes de citrons, versez le sirop chaud dessus, et laissez mariner deux jours.

FARCE
Lavez, émincez les poivrons rouges et faites-les suer à l'huile d'olive à feu doux. Quand c'est cuit, mixez l'ensemble afin d'obtenir une purée lisse au chinois étamine. Ajoutez le basilic ciselé. Une fois la farce prête, farcissez les tomates.

Jérôme Banctel

CRUMBLE D'OLIVE
- 500 g d'olives noires
- 60 g de farine
- 60 g de beurre
- 1 jaune d'œuf

GLAÇAGE TOMATE
- 2 kg de tomates
- 1 l de bouillon de volaille (voir p. 276)
- 50 g de beurre

CRUMBLE D'OLIVE

Faites sécher les olives noires au four à 180 °C (th. 6) pendant 1 h. Quand elles sont bien séchées, mixez-les jusqu'à l'obtention d'une poudre. Mélangez 60 g de poudre d'olive avec la farine, le beurre pommade et le jaune d'œuf. Étalez l'appareil puis cuisez au four à 180 °C (th. 6) pendant 15 min.

GLAÇAGE TOMATE

Mixez 2 kg de tomates et laissez-les égoutter dans un torchon. Une fois l'eau de tomate récupérée, faites-la réduire de moitié. Ajoutez la même quantité en bouillon de volaille et refaites réduire de moitié. Une fois le glaçage bien réduit, montez-le au beurre.

Dressage

Chauffez le glaçage tomate puis nappez les tomates afin d'obtenir une belle brillance. Parsemez de crumble d'olive noire et surmontez les tomates d'un rouleau de poivron blanc en pickle.

ANNEXES

BOUILLON DE VOLAILLE

- 3 kg de carcasses de volailles ou 1 poulet
- 3 oignons
- 5 carottes
- 2 branches de céleri
- 2 poireaux
- 150 g de champignons de Paris
- 1 bouquet de persil
- 10 g de gros sel gris de mer
- 5 g de poivre noir en grains
- 1 branche de thym
- 1 feuille de laurier
- 20 g de poudre de volaille

Épluchez et lavez tous les légumes de la garniture aromatique. Confectionnez un bouquet garni avec le thym, le laurier et les queues de persil. Réalisez un bottillon avec les poireaux et les branches de céleri. Mettez la volaille dans une marmite, couvrez d'eau froide, versez le gros sel et portez à ébullition sur feu vif. Lorsque l'eau bout, mettez hors du feu, et rincez la carcasse et la marmite sous l'eau froide. Remettez la volaille blanchie dans la marmite propre, recouvrez d'eau froide et portez à ébullition sur feu vif. Dès que l'eau frémit, ajoutez la garniture aromatique, la poudre de volaille, le sel et la bourse de poivre, puis laissez cuire 2 h à 2 h 30 en écumant de temps à autre. Passez au chinois étamine pour récupérer le bouillon.

FOND DE VOLAILLE

- 4 kg de carcasses de volailles
- 1 gros oignon
- 1 carotte
- 1 poireau
- 10 l d'eau
- 30 g de gros sel
- 10 g de poivre blanc

Coupez les parties grasses et sanguinolentes des carcasses de volaille. Épluchez l'oignon et la carotte, et fendez le poireau. Mettez les carcasses dans une casserole haute et recouvrez de 10 l d'eau froide. Portez à ébullition, puis écumez. Ajoutez la garniture aromatique, le sel et le poivre. Laissez cuire 9 h à 90 °C en écumant de temps à autre. Passez la préparation au chinois étamine.

BOUILLON DE LÉGUMES

- 3 gros champignons de Paris
- 3 branches de céleri
- 1 échalote
- 1 oignon blanc
- 2 gousses d'ail en chemise
- 1 bouquet garni
- 10 g de gros sel
- 1,5 l d'eau
- Huile d'olive

Lavez tous les légumes. Pelez les champignons. Épluchez l'échalote et l'oignon, puis émincez-les finement. Incisez les gousses d'ail. Émincez tous les légumes. Dans une cocotte ou un faitout, faites chauffer un filet d'huile d'olive, faites suer tous les légumes émincés ainsi que les gousses d'ail pendant 5 min à couvert, sans toutefois les laissez colorer. Ajoutez le bouquet garni, mouillez à l'eau et ajoutez le sel. Portez à ébullition et laissez cuire 40 min à feu doux. Égouttez les légumes dans une passoire au-dessus d'un bol. Passez au chinois étamine pour récupérer le bouillon.

BEURRE CLARIFIÉ

- Beurre

Passez la lame d'un couteau d'office sous l'eau froide et coupez le beurre en morceaux.
Chauffez le beurre dans une petite casserole à feu doux afin qu'il se décompose : le petit-lait tombe au fond, le beurre pur reste au milieu, et les impuretés, plus légères, remontent à la surface. Retirez les impuretés à l'aide d'une écumoire et laissez reposer 10 min. À l'aide d'une petite louche, séparez le beurre du petit-lait : on dit que l'on décante le beurre. Passez-le à travers une passette fine.

BOUILLON D'AIGAU-SAU

- 20 cl d'huile d'olive
- 2 gousses d'ail
- 2 oignons
- 2 tomates émondées
- 1 bouquet garni
- 10 cl de vin blanc
- 3 pommes de terre
- 500 g de baudroie ou lotte de mer
- 2 morceaux d'écorce d'orange
- Sel
- Poivre

Faites revenir, à l'huile d'olive et dans une Cocotte-Minute, l'ail et les oignons émincés, les tomates coupées en morceaux et le bouquet garni pendant 5 min. Ajoutez de l'eau à hauteur et le vin blanc.
Fermez la Cocotte-Minute et laissez cuire 10 min à partir du sifflement. Ouvrez la Cocotte-Minute, rectifiez l'assaisonnement en sel et poivre puis incorporez les pommes de terre émincées grossièrement. Laissez cuire encore 5 min sous pression. Ouvrez la cocotte et plongez la baudroie coupée en tranches et les écorces d'orange. Laissez cuire encore 3 min sous pression. Passez au chinois étamine pour récupérer le bouillon.

CONSOMMÉ DE LANGOUSTINE

- 500 g de pinces de langoustines
- 2 l d'eau
- 10 g de gros sel

La veille, entreposez les pinces de langoustines au congélateur. Le jour même, concassez les pinces encore congelées dans une cocotte à l'aide d'un rouleau à pâtisserie. Versez de l'eau à hauteur, ajoutez le gros sel et faire cuire à frémissement pendant 45 min, en écumant régulièrement. Laissez reposer 30 min hors du feu et filtrez à l'aide d'un chinois étamine pour récupérer le bouillon.

CONSOMMÉ DE TOURTEAU

- 1 tourteau femelle de 1,2 kg
- 2,5 l d'eau
- 10 g de gros sel

Dans une cocotte, concassez le tourteau à l'aide d'un rouleau à pâtisserie. Versez de l'eau à hauteur, ajoutez le gros sel, et faites cuire à frémissement pendant 45 min, en écumant régulièrement. Laissez reposer 30 min hors du feu et filtrez à l'aide d'un chinois étamine pour récupérer le bouillon.

GELÉE DE PIED DE VEAU

- 1 l d'eau
- 5 cl de vin blanc
- 1 pied de veau
- 1 os de veau
- 1 couenne maigre
- 3 carottes
- 1 bouquet garni
- 4 c. à c. rases de sel

Versez l'eau et le vin blanc dans une cocotte. Faites frémir et plongez-y le pied de veau, l'os et la couenne coupés en morceaux. Ajoutez les carottes coupées en morceaux, le bouquet garni et le sel. Laissez cuire à frémissement pendant 6 h. Après cuisson, passez au chinois étamine pour récupérer le bouillon et laissez refroidir pour obtenir la gelée.

SAUMURE LIQUIDE

- 1 l d'eau
- 100 g de sel
- 100 g de sucre semoule

Mélangez tous les ingrédients jusqu'à dissolution complète du sel et du sucre.

NORD ET CENTRE

EST

SUD-EST ET CORSE

TABLE DES MATIÈRES

INDEX DES RECETTES PAR ORDRE ALPHABÉTIQUE

INDEX DES PRODUITS

INDEX DES PRODUITS

CRÉDITS PHOTOGRAPHIQUES

p. 4-5 : © Camille Moirenc ; **p. 9 :** © Rina Nurra ; **p. 10 :** © Valérie Semensatis ; **p. 11 :** © Marco Strullu ; **p. 13 :** © Carnet / Photocuisine ; **p. 14 :** *Terroir parisien*, de Yannick Alléno, Jean-Claude Ribaut, Jean-François Mallet © Editions Glénat, 2010 ; **p. 15 :** © Roberto Frankenberg ; **p. 17 :** © Matthieu Cellard ; **p. 18-19 :** © Pauline Gouablin ; **p. 20-21 :** © Camille Moirenc ; **p. 23 :** © Matthieu Cellard ; **p. 24-25 :** © Anthony Denon ; **p. 27 :** © Jubault / Photocuisine ; **p. 28 :** © Elise Debreu ; **p. 29 :** © Stéphane Bahic ; **p. 31 :** © Japy / Photocuisine ; **p. 32-33 :** © La maison d'à côté ; **p. 35 :** © Guillaume Czerw ; **p. 36-37 :** © Jean-Christophe Marmara ; **p. 41 :** © Garcia / Photocuisine ; **p. 42 :** © Anne-Emmanuelle Thion ; **p. 43 :** © Lucas Muller, Lukam ; **p. 45 :** © Rina Nurra ; **p. 46 :** © Nicolas Villion ; **p. 47 :** © Frédéric Doucet ; **p. 48-49 :** © Camille Moirenc ; **p. 51 :** © Riou / Photocuisine ; **p. 52 :** © Studio Alterego ; **p. 53 :** © Bernhard Winkelmann, issu du livre *Instants sucrés au Ritz Paris*, La Martinère, 2019 ; **p. 55 :** © Matthieu Cellard ; **p. 56 :** © Denis Rouvre ; **p. 57 :** *Jean Sulpice, Le chef l'auberge et le lac*, de Jean Sulpice, Thomas Dhellemmes, Jacky Durand © Editions Glénat, 2020 ; **p. 59 :** © Photocuisine / Foodcollection ; **p. 60 :** © François Bouchon ; **p. 61 :** © Emmanuel Renaut ; **p. 63 :** © Carnet / Photocuisine ; **p. 65 :** *Les Meilleur à la Bouitte, Trois étoiles en Savoie*, de René et Maxime Meilleur, Matthieu Vellard et Henri Pelletier © Editions Glénat, 2016 ; **p. 66-67 :** © Camille Moirenc ; **p. 69 :** © Leser / Photocuisine ; **p. 70-71 :** © Benoît Linero, issu du livre *E, Éric Frechon*, Solar, 2016 ; **p. 73-74 :** © Matthieu Cellard ; **p. 75 :** © Michel Figuet ; **p. 77 :** © Rina Nurra ; **p. 78 :** © Zoé Fidji ; **p. 79 :** © Sébastien Gaudard ; **p. 81 :** © Valéry Guedes ; **p. 82 :** © Stéphane de Bourgies ; **p. 83 :** © Valéry Guedes, issu du livre *Best of Éric Pras*, Ducasse Édition, 2016 ; **p. 85 :** © Camille Moirenc ; **p. 87 :** © Gaurier / Photocuisine ; **p. 88 :** © Nicolas Villion ; **p. 89 :** © Matthias Marc ; **p. 91 :** © Vaillant / Photocuisine ; **p. 92 :** © Villa Andia ; **p. 93 :** Georges Blanc ; **p. 97 :** © Jubault / Photocuisine ; **p. 98 :** © Laurence Faye ; **p. 99 :** © Marie-France Nelaton ; **p. 101 :** © Balme / Photocuisine ; **p. 102 :** © Guillaume Czerw ; **p. 103 :** © Juliette Alleaume ; **p. 105 :** © Chivoret / Photocuisine ; **p. 106-107 :** © Marianne Tessier ; **p. 109 :** © Hammond / Photocuisine ; **p. 110-111 :** © Aponem ; **p. 113 :** © Amiel / Photocuisine ; **p. 114 :** © Gianni Villa ; **p. 115 :** © Richard Haughton, issu du livre *Ma Provence, recettes de chef*, Flammarion, 2015 ; **p. 117 :** © Aimery Chemin ; **p. 118-119 :** © Pierre Lucet-Penato ; **p. 120-121 :** © Camille Moirenc ; **p. 123 :** © Thomas Dhellemmes ; **p. 124 :** © Stéphane de Bourgies ; **p. 125 :** © Thomas Dhellemmes, issu du livre *Best of Pierre Sang Boyer*, Ducasse Édition, 2015 ; **p. 127-128-129 :** © Matthieu Cellard ; **p. 131 :** © Lamy / Photocuisine ; **p. 132-133 :** © Le Relais des Moines ; **p. 135 :** © Lawton / Photocuisine ; **p. 136 :** © Anne-Emmanuelle Thion ; **p. 138 :** © Camille Moirenc ; **p. 139 :** © Anne-Emmanuelle Thion ; **p. 141 :** © Spy / Photocuisine ; **p. 142-143 :** © Denis Pourcher ; **p.144-145 :** © Camille Moirenc ; **p. 147 :** © Carnet / Photocuisine ; **p. 148-149 :** © Virginie Ovessian, issu du livre *L'esprit Baumanière*, Flammarion, 2019 ; **p. 151 :** © Fleurent / Photocuisine ; **p. 152-153 :** © François Gagnaire, collection personnelle ; **p. 155 :** © Fauconnet / Photocuisine ; **p. 156 :** © Jean-Christophe Marmara ; **p. 157 :** © Laurent Fau, issu du livre *Infiniment macaron*, La Martinère, 2020 ; **p. 159 :** © Camille Moirenc ; **p. 161 :** © Amiel / Photocuisine ; **p. 162-163 :** © Alexia Roux ; **p. 165 :** © Ryman / Photocuisine ; **p. 166 :** © Denis Pelle ; **p. 167 :** © Guilhem Canal, issu du livre *Tous au Bistr'AU, les recettes bistrot du chef étoilé*, les Éditions du Gorille, 2018 ; **p. 169 :** © Thomas Dhellemmes ; **p. 170 :** © Rina Nurra ; **p. 171 :** © Stéphane de Bourgies, issu du livre *Best of Régis Marcon*, Ducasse Édition, 2015 ; **p. 173 :** © Amiel / Photocuisine ; **p. 174 :** © Valérie Vrel ; **p. 175 :** © FL, issu du livre *Ma Méditerranée*, Flammarion, 2015 ; **p. 176-177 :** © Camille Moirenc ; **p. 179 :** © Leser / Photocuisine ; **p. 180 :** © Chassagnette ; **p. 181 :** © Armand Arnal ; **p. 185 :** © Riou / Photocuisine ; **p. 186-187 :** *Itinéraire de goûts*, de Michel Sarran, Géraldine Pellé, Anne-Emmanuelle Thion © Editions Glénat, 2017 ; **p. 189 :** © Cultura Creative / Photocuisine ; **p. 190-191 :** © Jessica Préalpato, collection personnelle ; **p. 193 :** © Camille Moirenc ; **p. 195 :** © Riou / Photocuisine ; **p. 196 :** © Julien Duboué, collection personnelle ; **p. 197 :** © Guillaume Czerw, issu du livre *Sud-Ouest*, Ducasse Édition, 2016 ; **p. 199 :** © Rina Nurra ; **p. 200 :** © Stéphane de Bourgies ; **p. 201 :** © Rina Nurra, issu du livre *Best of Michel Guérard*, Ducasse Édition, 2015 ; **p. 203 :** © Camille Moirenc ; **p. 205 :** © White / Photocuisine ; **p. 206-207 :** © Denis Amon ; **p. 209 :** © Camille Moirenc ; **p. 211-212-213 :** © Matthieu Cellard, issu du livre *Best of Jean Coussau*, Ducasse Édition, 2016 ; **p. 214-215 :** © Camille Moirenc ; **p. 219 :** © Garcia / Photocuisine ; **p. 220 :** © Gwenaël Saliou ; **p. 221 :** © Olivier Dany ; **p. 223 :** © Cliche / Photocuisine ; **p. 224 :** © Le Chiberta ; **p. 225 :** © Laurence Mouton ; **p. 227 :** © Photocuisine / StockFood ; **p. 228-229 :** © La Tour d'Argent et Pierre-Emmanuel de Leusse ; **p. 231 :** © Gelberger / Photocuisine ; **p. 232-233 :** © Mathieu Salomé ; **p. 235 :** © Valéry Guedes ; **p. 236 :** © Olivier Bellin ; **p. 237 :** © Sylvie Le Trividic ; **p. 238-239 :** © Camille Moirenc ; **p. 241 :** © Rina Nurra ; **p. 242 :** Olivier Roux ; **p. 243 :** *Christopher Coutanceau, cuisinier pêcheur, de* Christopher Coutanceau, Philippe Vaures Santamaria, Patricia Khenouna © Editions Glénat, 2018 ; **p. 245 :** © Camille Moirenc ; **p. 247 :** © Amiel / Photocuisine ; **p. 248 :** © Alexandre Couillon ; **p. 249 :** © Julien Faure / Leextra ; **p. 251 :** © Amiel / Photocuisine ; **p. 252-253 :** © Jean-Claude Amiel ; **p. 255 :** © Carnet / Photocuisine ; **p. 256-257 :** © Guillaume Czerw, issu du livre *Ma Bretagne*, Ducasse Édition, 2018 ; **p. 259 :** © Amiel / Photocuisine ; **p. 260 :** © Stéphane de Bourgies ; **p. 261 :** © Bruno Verjus ; **p. 262-263 :** © Camille Moirenc ; **p. 265 :** © Lawton / Photocuisine ; **p. 266 :** © Jean-Christophe Marmara ; **p. 267 :** © Thai Toutain ; **p. 269 :** © Rina Nurra ; **p. 270 :** © Jean-Reynald Ambrozo ; **p. 271 :** © Richard Haughton, issu du livre *Jérôme Banctel, La Réserve Paris*, Flammarion, 2019 ; **p. 273 :** © Camille Moirenc.

D'après *La France à la carte*, série parue dans le quotidien Le Figaro
sur une idée originale d'Anne-Sophie Von Claer, Alice Bosio,
Stéphane Durand-Souffland et Stéphane Reynaud.

Webedia Books
2, rue Paul Vaillant Couturier
92532 Levallois-Perret Cedex

Directrice Webedia Books
Aurore Charoy

Responsable de projet
Élise Labry

Assistante éditoriale
Aude Letorey

Direction artistique
& conception graphique
Laurence Maillet

Photogravure
Nord Compo

Relecture
Sylvie Rouge-Pullon

Groupe Figaro
14, boulevard Haussmann
75009 Paris

Directeur général,
directeur de la publication
Marc Feuillée

Éditeur Le Figaro
Robert Mergui

Coordinateur éditorial
Pierre Doncieux

Rédaction des textes
Alice Bosio, Stéphane Durand-Souffland,
Emmanuel Rubin, Hugo de Saint Phalle,
Marie-Catherine de la Roche, Madeleine Voisin,
Alyette Debray-Mauduy.

Imprimé en Espagne par Ingoprint, sur du papier provenant
de bois géré de manière responsable.

ISBN : 978-2-38184-022-2
Dépôt légal 4e trimestre 2021

© Webedia Books 2021

2, rue Paul Vaillant Couturier
92532 Levallois-Perret Cedex